幕末
志士の作法

監修 小田部雄次

GB

はじめに

高い志を持った者だけが「幕末志士」ではない！

　今から約150年前、新政府の誕生によって260年以上も続いた江戸時代が終わりを迎えた。嘉永6年（1853年）、アメリカのペリー艦隊が神奈川県の浦賀沖に来航して以降、諸外国が次々と日本に開国を要求。開国に応じるべきか、それとも外国勢を追い払うのか、奇しくも外国勢力の登場が泰平の眠りを覚ましたことがきっかけで、徳川幕府は実権を手放すことになったのだ。
　そんなペリー来航から徳川幕府の終焉までの内戦期間を幕末という。ある者たちは倒幕を目指し、またあ

る者たちは現存の体制を堅守しようと命を賭した。彼らは刀や銃を手にしていたが、全員が武士というわけではなく、その中には農民や町人の姿もあった。

また、「幕末志士」というと坂本龍馬や西郷隆盛、高杉晋作などの高い志を持った人物をイメージしがちだが、実際は玉石混淆であり、立身出世や金銭のために戦った者も少なくない。むしろ、そんな彼らがいたからこそ、日本は近代国家へと歩みを進められたのである。

本書は、志や動機はどうであれ、日本の大転換期に戦った人々を「幕末志士」と定義し、彼らの所作や暮らしぶりについてイラストを用いて詳しく紹介していく。

映画やテレビなどの時代劇では描かれることのない、幕末志士たちの真の姿を垣間見ることになるだろう。

小田部雄次

早わかり幕末 ①

黒船来航で揺れる日本

泰平の世といわれる江戸時代だが、幕府の力は時代を下るとともに衰退していた。そんな内政に対する武士たちの不満は、ある出来事を契機に爆発する。それは、強大な軍事力を持ったアメリカによる開国要求であった。

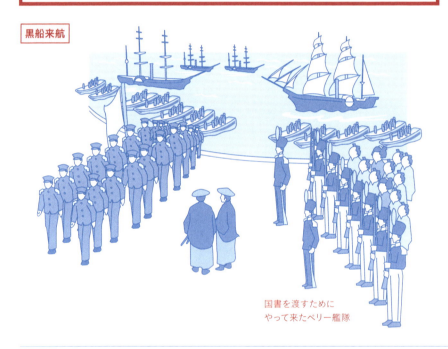

黒船来航

国書を渡すために
やって来たペリー艦隊

　アメリカ東インド艦隊司令長官のペリーが率いる軍艦が相模国（現・神奈川県）の浦賀沖に来航。嘉永6年（1853年）6月3日夕方のことであった。ペリー一行は、日本に開国を求めるアメリカ大統領の国書を手渡すためにやってきたのである。

　当時、外国との交渉窓口は長崎の出島と決まっており、出島に回航するよう伝えるもペリーはこれを拒否。結局、ペリー艦隊の強硬姿勢により国書を受領。幕府は翌年に日米和親条約（神奈川条約）を締結した。この条文には下田と箱館の開港や、開港地での外国人遊歩地区の設定などがあり、幕府は開国を受け入れる形となった。

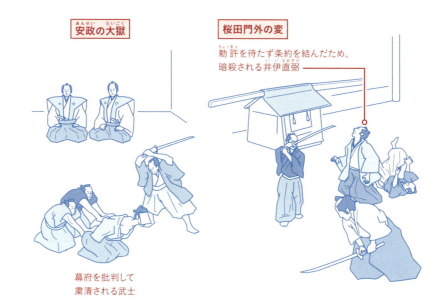

安政の大獄

幕府を批判して
粛清される武士

桜田門外の変

勅許を待たず条約を結んだため、
暗殺される井伊直弼

　だが、鎖国を維持して外国人を排除しようとする「攘夷」の動きが国内で活発化。幕府への批判運動として諸藩の武士たちを中心に広まっていった。
　安政5年（1858年）4月、幕閣の最高責任者である役職・大老に井伊直弼が就任。幕府を批判した者たちを一斉に粛清するという断固たる姿勢にでる。これを「安政の大獄」といい、8名が死刑、獄中死はじめ連座した者は100名にのぼった。
　しかし、この粛清が反幕感情をより増幅させ、井伊直弼は桜田門外で攘夷派志士たちによって暗殺。大老の死により、幕府の権威は著しく失墜した。

早わかり幕末 ②

攘夷と佐幕で二分した志士たち

国内では外国勢を排除しようとする攘夷の声が高まる中、開国に向かった幕府。攘夷派志士たちは幕府に楯突く逆賊として、幕府に味方する佐幕派志士によって取り締まられた。両者は激しく対峙することになったのだ。

佐幕派志士
京都の治安を守る新選組

攘夷派志士
外敵をしりぞけるために結成された奇兵隊

脱藩浪士
藩に迷惑がかかったり、自らも捕縛の対象となるので、藩を抜け出して浪士になった

　幕末に攘夷の機運が高まると、藩から離脱した脱藩浪士が急増した。幕府と藩は主従関係ゆえに、藩に身を置きながら幕府を批判すれば藩に迷惑がかかり、自らも捕縛されてしまう。そのため、脱藩浪士は自分の意志で藩を飛び出したのだ。

　ちなみに、彼らの向かった先は江戸ではなく京都であった。幕府は威信を回復させるため朝廷の権威を利用しようと画策したことで、政局の中心は江戸から京都へ移っていたのだ。攘夷派志士たちは京都にて数々のテロを敢行。それらを取り締まるの

薩長同盟 薩摩と長州の間で結ばれた軍事同盟

大政奉還 江戸幕府が天皇に政権を返上

　が佐幕派志士で、京都見廻組や新選組と呼ばれる組織がそれだ。
　そんな中、長州藩の攘夷派志士たちが外国船を砲撃。しかし、強力な軍事力を持つ外国勢には勝てないことを悟った長州軍は、攘夷から倒幕へと方針を変えた。1度は幕府に負けて恭順を示す長州軍だったが、2度目の対峙では兵力15万の幕府軍に対して3500という圧倒的な差がありながらも勝利。その後、薩摩藩を含めた各藩で倒幕の機運が高まると、15代将軍の徳川慶喜が政権を返上し、明治政府が樹立した。

早わかり幕末 ③
徳川幕府を滅亡させた新政府

脱藩した藩士たちによる攘夷運動は、旧幕府軍と諸藩や朝廷が立ち上げた新政府軍との争いへと変化。最終的に新政府軍が勝利したことで、西洋の思想や文化を取り入れた新しい時代が訪れる——文明開化のはじまりである。

鳥羽・伏見の戦い

京都に進軍した新政府軍

倒幕の機運が高まりつつあった中、徳川慶喜の政権返上は、倒幕を考えていた薩摩・長州両藩にとっては出鼻をくじかれる形となった。依然として権力を握る慶喜を排除すべく、薩長は朝廷を味方につけつつ、武力で旧幕府軍を挑発。旧幕府軍が反撃に応じたところ、朝廷に背く賊軍であるという理論を構築して、薩長は新政府軍として慶喜を討つべく京都に進軍した。

明治元年（1868年）、京都の郊外である鳥羽・伏見で両軍が武力衝突。旧幕府1万5000に対して新政府軍は5000。数で勝る旧幕府であったが、最新兵器を装備した新政府軍の猛攻により旧幕府軍の総大将であった慶喜は軍艦に乗って江戸に逃亡した。

慶喜を追討しようと歩みを進める新政府

江戸城無血開城
勝海舟と西郷隆盛による会談で江戸は戦禍を免れた

箱館戦争
旧幕府軍が降伏し、新しい時代へ突入した

軍だったが、江戸総攻撃の直前に幕府陸軍総裁・勝海舟と新政府軍・西郷隆盛による会談が成立。江戸無血開城が決まり、江戸の町は戦禍を免れた。その後も旧幕府軍は抵抗を続けたが、最終決戦地の箱館で新政府軍に軍配があがった。

旧幕府軍を封じると、新政府は欧米文化の調査もかねて、岩倉具視をリーダーとし政府首脳や気鋭の留学生たちで組織した使節団を長期にわたり派遣。近代日本のお手本となるべき姿を探した。また、先進国の外国人たちを大量に雇用し、西洋の文化や思想を取り入れた。

幕府を倒した英傑たちの手によって、武家政治は終わりを告げ、これまでとはまったく違う新しい時代の幕開けとなった。

9

contents

- 2 　はじめに
- 4 　早わかり幕末 ①　黒船来航で揺れる日本
- 6 　早わかり幕末 ②　攘夷と佐幕で二分した志士たち
- 8 　早わかり幕末 ③　徳川幕府を滅亡させた新政府

一章 幕末志士の作法

◆ 志士の登場

- 16　幕末の動乱に参加した志士は暇潰し目的の者もいた
- 18　幕府の経済政策の失敗が志士たちを生み出した
- 22　お金を払えば誰でも武士になれた
- 26　文武両道こそが"できる武士"の基本
- 28　時代を先取りしていた江戸時代の富国強兵策
- 30　改革ブームに乗っただけの志士たちがいた

◆ 志士の暮らし

- 32　軍鶏鍋、豚骨、大福など志士の豊かなグルメ事情
- 34　海外の学問が維新旋風の原動力となった
- 36　俳句に茶道、書画など多趣味な志士たち
- 38　幕末の陰の主役は豪商たちだった
- 40　命がけの日々だからこそ女性と遊ぶときも全力
- 42　ヨーロッパとアメリカの船がコレラや麻疹を持ち込んだ

二章 攘夷派と佐幕派の作法

◆ 攘夷派の作法

48　京都に志士が集まったのは藩邸があったから
50　体制批判をした志士は縄で吊るされた
52　当時の人々は肖像写真を撮ると魂を抜かれると思っていた
54　上下関係に厳しい土佐の身分制度が反骨精神を育んだ
56　貿易で儲けて世界平和を考えた志士もいた
58　松下村塾は非エリートが集まる場所だった
60　薩摩の私学校は教育機関ではなく軍事組織だった

◆ 新選組の作法

62　剣客集団の新選組は"いも剣法"と呼ばれていた
66　新選組の制服は赤穂浪士がモデルだった
68　新選組の屯所は病人が出るほど汚かった
70　勝手に隊を抜けると切腹させられた
74　仲間を粛清するときは飲み会後が多かった

◆ 佐幕派の作法

76　"おまわりさん"の起源は新徴組だった
78　京都見廻組は武家出身のエリート揃い
82　幕府が再び設立した「奥詰」は武闘派集団だった
84　人手不足だった会津藩は少年も戦いに参加した

三章　武器の作法

◆ 志士の軍装
88　軍制改革は保守層の反対で進まなかった
92　幕府側の軍装は藩ごとにばらばらだった
96　幕府よりも薩長の軍制改革のほうが進んでいた
98　近代的軍装を最初に取り入れたのは御親兵だった

◆ 志士の武器
100　どの藩に属する武士なのかは刀の見た目で判別できた
104　コルト社の拳銃を広めたのはペリー提督だった！
106　手元から弾込めできる後装銃は画期的だった
108　アームストロング後装砲は幕末最強の火砲だった
112　幕府と雄藩は海軍の強化を張り合った

◆ 志士の防具・携行具
114　新政府軍の軍服はアメリカのお下がりだった
116　円錐形の冠物が多いのは銃を扱いやすくするため
118　弾入れを意味する胴乱は、戦国時代に使われた名称

◆ 志士の国防
120　幕府に洋式武装を提案したのは薩摩藩だった
122　幕府の士官学校には新政府の立役者が揃っていた

四章 幕末志士が作った維新の作法

◆ 新しい仕組み

- 126 祝祭日の制定で、日曜と祝日が休みになった
- 128 馬車、人力車に鉄道！ バリエ豊富な移動手段
- 130 子どもの教育は寺子屋式からフランス式になった
- 132 輸送・通信の中心は飛脚から郵便・電話になった
- 134 不法投棄や火遊びは、軽犯罪法により罰金が科せられた
- 138 火葬が禁止されたが、わずか2年で廃案になった
- 140 役人の給料を1カ月削るため太陽暦に変更した

◆ 新しい暮らし

- 142 肉食を推進したのは日本人の体格向上のため
- 146 政府によってザンギリ頭は強制的に実施された
- 148 洋服が輸入されるも庶民は着こなせなかった
- 150 西洋建築を手がけたのは日本の大工職人
- 152 農村部の人々は後回しにされ近代化の波に乗れなかった
- 154 天下の往来は縁日のように人であふれた
- 158 行燈から石油ランプに代わって明るさは倍増した
- 160 風紀を乱す混浴は、禁止しても止められなかった
- 162 牛乳の保冷技術がなかったため、東京は牧場だらけだった
- 164 新聞は毎日発行されるものではなかった
- 166 御雇外国人の月給は労働者の209倍だった
- 168 新政府は女性の社会進出を後押しした

172 海水浴はレジャーではなく医療目的で行われた

174 混雑を避けるため、図書館は途中で有料にした

177 幕末に活躍した女性たちと、お払い箱となった武士

186 維新年表

190 参考文献

コラム

46 片っ端から斬り捨てる幕末の恐ろしい暗殺者

86 新選組副長の土方歳三はほぼ手を下していない

124 幕末時代、ラッパや太鼓は合図として使用した

176 江戸の9割以上が喫煙者だった

※本書は明治6年以降を新暦で表記し、それ以前は旧暦で表記しています。
　物価の記載については、ひとつの指標として、1両＝10万円、1銭＝100円、
　1厘＝20円に置き換えています。

一章

幕末志士の作法

ペリー艦隊の来航によって国中が大騒ぎになった幕末。志士たちはそれぞれの立場と信念で国難に立ち向かったが、彼らの日常の生活についてはあまり知られていない。普段の暮らしぶりだけでなく、好きな食べ物や趣味、女性関係に至るまで、幕末志士のリアルな実態を探る。

幕末志士の作法 その一

幕末の動乱に参加した
志士は暇潰し目的の者もいた

| 該当する思想 ▷ | 佐幕 | 攘夷 | 倒幕 | 開国 | 公武合体 |

| 該当する人々 ▷ | 武士 | 農民 | 商人 | 町人 |

心の拠り所の武士道精神が暇な日常生活を一変させた

ひとたび戦が起こると主人に従い、主人を守り、敵を打ち破って武勇を示すことで忠義を尽くした戦国時代の武士たち。平和な江戸時代では戦場で武功を示す機会はなくなり、武士の多くは番役（警護）や供侍（主君のお供）といった単純な職務であり、1日数時間しか働かない者もいた。

仕事という仕事はほとんどなく、常に暇を持て余していた武士たち。帯刀が許されていた身分であったことから、熱心に剣術の修練を重ねつつ、「武士道精神」を醸成させていった。

武士道精神とは、主君への忠誠や死生観、羞恥心が混ぜ合わさった道徳感であり、武士の心の拠り所でもあった。

異国船が日本近海に出没する幕末期に入ると、幕府や各藩は軍備強化のため武士たちに剣術を積極的に推奨。それに伴い武士道精神も隆盛を極めた。

江戸の剣術道場には剣術修行を目的とした各藩の門下生が集まるようになると、時を同じくして佐幕、攘夷などといった維新旋風が巻き起こり、門下生たちに新しい思想を植え付けた。

このような背景から、血気盛んな若手の武士たちが維新の原動力となっていくのだが、剣術をはじめたそもそものきっかけは暇だったからである。

ちなみに、江戸城を無血開城へと導いた幕末志士・勝海舟は、明治時代に書いた著書『氷川清話』の中で、この時期の武士たちを「農業も商業もやらず、御上から禄をもらって朝から晩まで遊んでいるような身分だったから、忠義とか廉恥などと騒ぐしかなかった」と断罪。暇だったから武士道精神を語り騒いでいたと言わんばかりである。

幕末期、草莽諸隊と呼ばれる国家を憂う集団が全国各地で100隊以上組織されたが、活動すらも疑わしい組織も数多く存在。この中に、暇潰し目的の者もいたことは想像に難くない。

16

一章　幕末志士の作法

志士の登場

泰平の世の中が志士を生み出した

ろくに仕事がなかった幕末の武士。剣術を通して武士道精神を磨いた者の中には、混乱に乗じて暴走と化した者もあった。

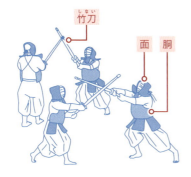

剣術
幕末期の剣術は、防具を取り付けた今でいう剣道のスタイル。各藩の藩主は、藩のお金で藩士らを江戸で学ばせた。

単純労働
幕末には約2万2000〜2万3000人いた江戸幕府の幕臣たち。その多くは、幕府所有地の見張りや、上役の警護などを行っていた。

武士道精神
武士道精神とは主君に忠誠を誓う道徳観。また、質素倹約な生活や品行方正な態度など、自分を律することが美徳とされる精神。

草莽諸隊
私塾や剣術道場を中心に、武士道精神あふれる志士たちが各々立ち上がった。全国的に広がりを見せ、最盛期には100隊以上あった。

幕末志士の作法 その二
幕府の経済政策の失敗が志士たちを生み出した

| 該当する思想 ▷ | 佐幕 | 攘夷 | 倒幕 | 開国 | 公武合体 |

| 該当する人々 ▷ | 武士 |

米を中心とした社会体制が武士の生活をおびやかしていく

　幕藩体制は武士を頂点とした、いわば軍事政権である。それが平和な時代には仇となり、武士の多くが仕事を持たない、タダ飯食らいに成り果ててしまった。家康以来の徳川家の財産はいつしか食い潰され、8代将軍・吉宗の時代には破綻寸前。必然的に財政再建は、吉宗の享保の改革をはじめとする幕府の一連の改革の中で、最重要のテーマとなった。

　年貢米の量が減ると、それを武士たちに支給する立場の幕府や藩は窮地に陥る。かといって収穫高を増せば、米はだぶついて米価は安くなってしまう。そこで諸式（物価）が依然高いままなら、米が給料の武士たちは窮乏せざるを得ない。幕府は米価と諸式のバランス調整に苦慮したが、有効な手を打つには至らなかった。

　しかも、幕末ともなると町の経済流通の中心は貨幣であった。そのため武士たちは禄米を担保にして、貨幣と交換するシステムができあがっていった。

　幕府以上に深刻なのが、諸藩の経済事情だ。諸大名には1年ごとに領地と江戸を往復する参勤交代が義務づけられ、それが大きな負担となっていた。また、豊かな藩が目に止まれば土木や建築の工事を課したり、接待役を命じたりと、意図的に諸藩に富が集まらないようにするのが、江戸期を通じた幕府の権力掌握術だった。

　諸藩は有為の人材を登用し、藩政改革を行うことで、財政難からの脱却をはかろうとする。しかし、それに成功したのは一部の大藩だけ。家老・調所広郷の下、借金の無利子長期分割払いや、特産品の専売化を進めた薩摩藩、村田清風の発案で下関に越荷方という藩営の貿易商社を設置した長州藩などである。そうした大胆な財政再建に成功したいくつかの藩が幕末には雄藩と呼ばれ、あまたの志士を輩出した。

一章　幕末志士の作法

| 財政難の要因① | 幕末は多くの武士が貧困にあえいでいた |

武士の給料は米で支払われていた江戸時代。ほとんどの武士が働かなかったために経済を悪化させていた。

米は貨幣に換金
馬や船などを使って米は一カ所に集められたのち、武士に支給された。ただ、米俵で受け取っても置き場に困るので、業者に手数料を渡して換金していた。

市中は貨幣経済が中心
市中では米よりも貨幣が多く流通。時代が下るにつれて流通量が増え、江戸初期に比べて幕末は何倍も流通していた。

Column

商工業の発達も窮乏の要因

商工業が発達して物質的に豊かになった幕末。しかし、物が増えるとともに相対的に米の価値が下がり、米を独占していた武士の生活は苦しくなっていった。また、税収の大半は年貢であり、商人や町人に対してあまり税を課さなかった。そのため商工業が発達すればするほど、武士は窮乏していった。

財政難の要因②

幕府だけでなく藩の財政も厳しかった

諸藩が経済的に豊かになれば、幕府の立場が危うくなる。
幕府は諸藩に対して定期的に財政を締めつけていた。

参勤交代(さんきんこうたい)

諸藩の財政をひっ迫させたのが、1年ごとに領地と江戸を往復する参勤交代。諸藩の石高によって異なるが、道中の宿泊費だけで、現在の価値にして、1日あたりおよそ1000万円が吹き飛んだといわれる。

普請(ふしん)（建設・土木）

天領と呼ばれる直轄地にある建物の修繕費を諸藩に捻出させた。人足の提供だったり、資材そのものを提供させたりすることもあった。

飢饉(ききん)

江戸時代では冷害や干ばつ、水害などによりたびたび飢饉が発生。農業の生産力の低下により税収減となり、藩の財政がひっ迫した。

一章　幕末志士の作法

雄藩の登場

藩政改革の断行で財政難からの脱却をはかった

財政悪化により苦しんでいた諸藩は、独自に財政改革を敢行。財政再建に成功した藩は雄藩と呼ばれた。

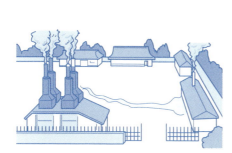

大砲製造所の築造
藩主導で鉄を精錬する反射炉や、大砲の製造所を建設。軍備の近代化が進められ、幕府を脅かす藩が出てくるようになった。

棄捐令
財政難に陥った武士を救済するために、債権者である札差に対し、債権放棄や債務繰り延べをさせた法令。効果は一時的なものであった。

洋式武器の輸入
洋式武器を輸入して莫大な利益を得た藩もあった。貿易は幕府による制限が設けられており、許可が下りた藩は数少なかった。

物品の専売
特産品を生かした産業を興して領民の生活を豊かにすることに力を注いだ。税収を増やすことで藩の財政の安定化を計った。

幕末志士の作法 その三

お金を払えば誰でも武士になれた

| 該当する思想 ▷ | 佐幕 | 攘夷 | 倒幕 | 開国 | 公武合体 |

| 該当する人々 ▷ | 武士 | 農民 | 商人 | 町人 |

志士は上級武士にかぎらず下層階級出身の者も多かった

　武士の身分のまま、農業にも従事する者を郷士という。中でも土佐藩の郷士が有名で、坂本龍馬や武市瑞山（半平太）も郷士の家に生まれている。

　また、長州藩の思想家・吉田松陰が主催した松下村塾という私塾からも、高杉晋作ら多くの志士が育ったが、松下村塾には身分の隔てがなく、農民や町人が武士に混じって学んでいた。動乱期にはむしろ下層階級出身者の中に、志を持つ有能な人材が多かったのである。

　むろん、一方にはよからぬことを考える者も多かった。脱藩浪士たちが食いつめたあげくにゆすりやたかりに手を出すこともあり、京都や江戸などの大都市では、浪人たちによる反社会的行為が大きな問題となっていた。京都見廻組や新選組はもともと、そんな浪人対策のために京都守護職の下に置かれたものである。

　米中心の社会から貨幣経済へと移行する中で、不安定な生活を余儀なくされた大多数の下級武士たちは、生活を支えるため内職にいそしんでいた。「武士は食わねど高楊枝」と虚勢を張ってはみても、生き死にの境に立たされれば、そうもいってはいられない。内職では足らず、ついには士分の売り買いが行われるようになった。買い手は多くの場合、貨幣経済の主役となった商人たちである。金にものをいわせて身分を手にしていたのだ。

　商人は男児に持参金をつけて武家に養子に出す。しかるのち、その子が家督を相続すれば武士身分の譲渡が成立するというわけだ。武士と農民との間の身分移動はよく見られたが、武士がその他の身分と婚姻関係を結ぶことは禁じられていた。これを回避する手段が養子縁組だったのである。こうして江戸も末期に近づくにつれ、厳格であったはずの身分制度はこうして崩れていった。

一章　幕末志士の作法

志士の身分

志士たちの中には低い身分の者も数多くいた

志士というと武士をイメージしがちだが、農民や町人なども混在。また、郷士と呼ばれる特殊な身分もあった。

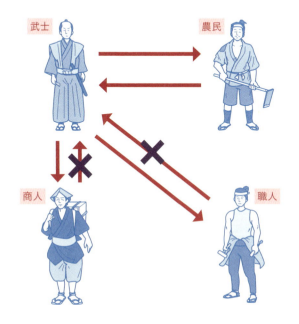

士農工商の関係
元来武士は農民だったこともあり、武士が農に携わるなど、その境はあいまいであった。また、商人や職人が武士になるためには、養子縁組が必要であった。

郷士
戦国時代、土佐の国では一領具足と呼ばれる半農半兵の組織を編成。江戸時代では、それらの子孫が郷士と呼ばれるようになった。

郷士の身分
郷士の身分は低く、藩士よりは下と見なされた。また、藩士に対して無礼があれば、郷士の資格をはく奪されることもあった。

23

清貧

質素倹約こそが武士の正しい姿とされていた

泰平の世において、生産性のない武士はお荷物でしかない。そのため、質素倹約を重んずる生き方を叩き込まれていた。

内職
下級武士は俸禄だけでは生活が苦しかった。傘や提灯を作ったり、観賞用の朝顔やつつじを育てたりする内職で生計を立てていた。

自家栽培
武士の住む屋敷には小さな畑があり、家族で食べるための野菜を育てていた。また、柿や栗などの果樹も植えていた。

武士は食わねど高楊枝
下級武士の多くは困窮していたため空腹を余儀なくされた。だが、武士という体面を保つために、あたかもお腹いっぱい食べたかのように楊枝をくわえた。

一章　幕末志士の作法

悪事

清貧だけではやっていけない武士もいた

幕末という動乱に乗じて悪事に走る武士もいた。京都では商人や町人たちからお金を巻き上げる事例が多発した。

強奪（ごうだつ）
江戸や京都の市中では屋敷に押し入ったり火をつけたりして、金銭を強奪する武士が現れた。また、このような悪事を働く武士たちによって、幕末の動乱が拡大する要因にもなった。

脅される町人

たかり
商人や町人たちを脅して金品を奪うたかりも多発。また、債権者を脅して借金をチャラにすることもあった。

金を差し出す商人

ゆすり
商人に言いがかりをつけて金品をせしめた。その際、多くの浪人は攘夷派志士を名乗って罪をかぶせようとした。

幕末志士の作法 その四

文武両道こそが"できる武士"の基本

| 該当する思想 | 佐幕 | 攘夷 | 倒幕 | 開国 | 公武合体 |

| 該当する人々 | 武士 |

武家に生まれた男の子は幼少期より文武両道に励んだ

　江戸幕府の基本法ともいえる武家諸法度の冒頭におかれたのが、「文武弓馬の道、専ら相たしなむべき事」の一文である。学問と武芸にともに励めということで、これすなわち武士の心得の第一であった。

　武家に生まれた男児は、5歳頃から書の手習いをはじめる。そして7歳を迎えると学問所や藩校に入学し、儒教の経書である四書五経をはじめとした漢籍の素読（内容の理解は求めず、書いてある文字を音読すること）を通じ、武士にふさわしい教養を学んでいった。江戸幕府が儒教の経書をテキストとしたのは、儒教の新しい体系である朱子学が、封建社会の基礎理念につながるがゆえ。武家の男児は、読み書きを通じて社会道徳を学んでいったのである。

　また、武芸においては多様な種類があった。剣術、槍術、弓術、砲術、柔術、馬術などである。それぞれ細かく流派が分かれており、本人の嗜好に応じて専門の師匠に入門した。剣術の稽古は当初、木刀を用いていたが、やがて上泉信綱が考案したといわれる竹刀が全国的に普及する。本気で打つと大ケガにつながるため、寸止めで稽古を行わざるを得ない木刀に比べ、竹刀の稽古では本気の打ち込みが可能となった。

　文武いずれの道も、各地に専門に教える塾や道場が存在した。教授となるのは役職のついていない武家だが、原則として生徒たちから月謝などを受け取ることはない。入門のときに生徒の親が束脩と呼ばれる心づけをわたすのが通例だったが、収入といえるほどではなかった。それでもよしとしたのは、名誉のみを求める武士ならではの奉仕精神がその根底にあったからである。

　蘭学を学ぶ一方、直心影流免許皆伝となった勝海舟などは、文武両道の典型例といえるだろう。

一章　幕末志士の作法

武士の流儀

学芸と武芸の両方を努めるのが武士の流儀

幼い頃から文武に努めた武士たち。力任せの荒くれ者ではなく、教養も備わっていた。

学問
5歳くらいから文字を書く練習をし、7歳くらいで読書をはじめる。10歳頃には兵法書なども読めるようになった。

武術
12歳くらいになると剣術、弓術、柔術などの武芸を習った。自分に合っているものをひとつ選んで技を磨いた。

束脩
入学時は、束脩と呼ばれる学費を学校にわたす必要があった。料金に定めはなく、各々の生徒の親が支払える額を支払った。

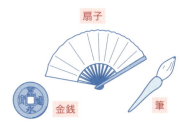

束脩
束脩は金銭、扇子、筆のどれかを師匠にわたすのがしきたりだった。この風習は古代中国が起源とされている。

幕末志士の作法 その五

時代を先取りしていた江戸時代の富国強兵策

該当する思想 ▷ 佐幕 攘夷 倒幕 開国 公武合体

該当する人々 ▷ 武士

幕府は軍備を増強するも力を発揮できなかった

外国船が日本沿岸に接近するケースが増え、海防意識が高まりを見せつつあった嘉永6年(1853年)、浦賀にペリー提督率いる米艦隊4隻が来航する。

翌年、日米和親条約が締結されるが、ともあれ備えは必要。老中首座の阿部正弘はアメリカとの戦を想定した軍備増強に取りかかる。これが安政の改革で、水戸藩前藩主の徳川斉昭を海防参与にするなど人材登用に力を入れた。そのひとり、海防掛の岩瀬忠震は海外貿易の振興を進言し、阿部も受け入れる。これは明治期に加速する富国強兵の流れを先取りするものであった。

ちなみに、アメリカやヨーロッパとの条約締結後、一部の幕末志士たちは使節団として海外へ派遣されている。近代化が進んだ欧米文化に直接肌に触れることで、日本がどれだけ世界に遅れをとっているかをまざまざと思い知らされたことだろう。

幕府は欧米列強国に追いつき追い越せとばかり大船建造の禁を解除すると、武芸鍛錬のための講武所や洋学研究を行う蕃書調所、海軍士官養成を目的とした海軍伝習所を設置。さらに洋式軍隊の創設など数々の施策が行われた。

台場はこの時期、江戸湾防御のために築造された海上砲台である。品川沖に10を超える台場を築く計画があったが、資金難のため、なかなか建設は進まなかった。台場の建造を担当した江川英龍は、大砲や鉄砲を鋳造するための反射炉を韮山に築造。1857年、息子の代で完成を見ると、以後、輸入ものではない日本製の大砲が鋳造されるようになった。

幕府は陸海軍の近代化にも取り組んだが、対外関係の場で力を発揮することはなかった。結局、幕府軍が戦った相手は国内の敵、徳川政権に反旗を翻した薩長をはじめとする官軍だったのは何とも皮肉な話である。

近代化政策

強い国作りで列強諸国を撥ね退けようとした

富国強兵策は明治期と思われがちだが、すでに幕末からはじまっていた。欧米列強に少しでも近づこうとしたのだ。

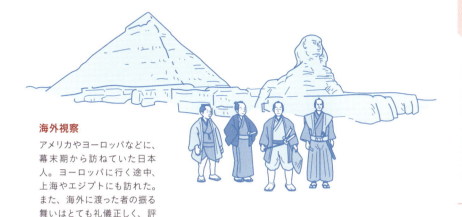

海外視察

アメリカやヨーロッパなどに、幕末期から訪ねていた日本人。ヨーロッパに行く途中、上海やエジプトにも訪れた。また、海外に渡った者の振る舞いはとても礼儀正しく、評判も上々であった。

富国強兵の原点

太宰春台（だざいしゅんだい）
（1680年～1747年）

はじめに富国強兵策を唱えたのは、江戸時代中期の思想家・太宰春台であった。鎖国下にあった時代にもかかわらず、徳川幕府が発展するには国を強くする必要があると説いたのである。また、「経済」という語句をはじめて用いたのも太宰であり、武士も商業を行うべきだと説いた。

軍備の増強

ペリー来航以降、危機感を持った幕府や諸藩は軍備の増強に力を入れた。近代的な蒸気軍艦や大砲、小銃などが輸入されるようになった。

一章　幕末志士の作法

幕末志士の作法 その六

改革ブームに乗っただけの志士たちがいた

| 該当する思想 | 佐幕 | 攘夷 | 倒幕 | 開国 | 公武合体 |

| 該当する人々 | 武士 | 農民 | 商人 | 町人 |

多種多様な軍事組織が幕末の混乱の中で乱立した

　草莽諸隊は、尊皇攘夷運動が盛り上がった時期から戊辰戦争にかけて編成された軍事組織の総称。総数は著名なものだけでも100を優に超え、結成こそしたものの何ひとつ事を為さぬまま消滅したものを含めると、実数は定かではない。もしかしたら、社会の熱気に突き動かされた現代の新党ブームに似たものがあったのかもしれない。

　ちなみに、100を超えるとなれば、その中には異色の集団も数多く存在する。農民の集団や博打打ちの集団、変わり種では力士隊というのもあった。その名のとおり、力自慢の力士たちによって構成された部隊である。

　また、有名どころの諸隊であれば、高杉晋作の奇兵隊、西郷隆盛の精忠組、武市瑞山（半平太）の土佐勤王党、尊皇攘夷を旗印に挙兵した水戸の天狗党が草莽諸隊に数えられる。

　幕府側ゆえに草莽諸隊ではないが、熱気ある軍事的小組織として高名なのが新選組である。14代将軍・家茂の警護目的で作られた浪士組が、方針の違いから解消。装いを変えたのが新徴組で、たもとを分かったグループが壬生浪士組がのちの新選組となった。

　さらに、幕府方の組織としては京都見廻組という組織もあった。幕臣の次男や三男たちを集めたのだが、これには理由がある。江戸時代において家督を継ぐことができるのは長男だけであり、次男や三男は就職口を探すにも苦労していた。その中での組員の募集であったため、彼らにとっては渡りに船という状況だったのだ。しかし、それでも荒廃した京都の治安を守るには人手が足りなかったという。

　もうひとつ、幕府側では今も語り継がれる会津の白虎隊の悲劇もあった。動乱期ということもあり、諸隊の中には彼らのように悲劇的末路をたどった部隊も数多くあったことだろう。

一章　幕末志士の作法

幕末の諸隊

活動実績のない無名の諸隊も存在していた

幕末は外国に侵略されるかもしれない国家の一大事。武士だけでなく農民や博徒、力士まで立ち上がった。

農兵
兵農分離政策が破られ、田畑を耕していた農民も蜂起。攘夷派志士についたり、幕府に取り立てられたりして前線で戦った。

博徒隊
博打で生計を立てるやくざも弱体化する幕府のために一肌脱いだ。いかに幕末が混沌としていたかを彼らの存在が物語っている。

力士隊
伊藤博文が率いた奇兵隊の一支隊には、相撲取りで結成された隊もあった。角力隊とも呼ばれ、約50名の力士が参加したという。

幕末FILE

京都見廻組

小部隊として活躍した幕府の正規組織に京都見廻組がある。主な任務は警察活動で、草莽諸隊を取り締まるべく荒れる市中に配備された。新選組の構成員には身分制度がなかったのに対し、京都見廻組は武士の次男以下が新規で取り立てられた。

幕末志士の作法 その七

軍鶏鍋、豚骨、大福など 志士の豊かなグルメ事情

該当する思想 ▷ 佐幕 攘夷 倒幕 開国 公武合体

該当する人々 ▷ 武士

食べ物の好みを知ることで志士たちの別の顔が見えてくる

　フィクション説もあるが、坂本龍馬が盟友・中岡慎太郎と暗殺される直前、軍鶏鍋を食べようとしていたのは有名な話。龍馬の姉・千鶴の嫁ぎ先は闘鶏で有名な高知県安芸郡安田町。龍馬も幼い頃からよく訪ねていた土地だっただけに、たびたび軍鶏鍋を食していたはずである。そんな幼い日の記憶もあって、同郷の中岡を迎えてあえてこのメニューを選んだことはあり得るだろう。

　江戸時代、肉食はタブーとされていたが、時代が下るにつれて食べられるようになった。西郷隆盛は、骨つきの豚バラ肉を麦味噌や黒砂糖で煮込んだ薩摩の郷土料理・豚骨が大好物だった。徳川慶喜も豚肉を好むあまり、大奥では「豚一様」と呼ばれていたという。

　質素倹約で知られ、食に特別なこだわりを持たなかったという吉田松陰。そんな彼でも目がないものが大福であった。お菓子が日常にあふれている現代より、はるかに甘味に対する欲求が強い時代。その甘い誘惑に、さすがの松陰も抵抗できなかったのだろう。

　南蛮菓子として江戸時代にはすでに日本でも定着しつつあったカステラは、薩摩の地を新婚旅行中の龍馬が弁当として携行したことでも知られる。薩摩藩家老の小松帯刀が、米だと傷む心配があるからと持たせたものだ。お人好しな小松は慶喜にねだられて手持ちの豚肉をすべて融通したこともある。

　流通が発展し、各地の物資が容易に手に入るようになっても、武家の食卓は質素なままだった。幕府が頻繁に倹約令を出し、武士の贅沢を禁じていたからである。とはいえ、食の喜びは生きる喜びに通じる。好みの食べ物や、食にまつわる思い出は誰にでもあり、それは志士たちも例外ではない。食事をめぐるエピソードを通じて、当時の志士たちの素顔、生活が見えてくる。

一章　幕末志士の作法

志士の グルメ事情

幕末は多くの武士が貧困にあえいでいた

清貧を重んじていた志士たちだが、つねに質素倹約だったわけではない。肉やお菓子を口にすることもあった。

カステラ
戦国時代、キリスト教とともにポルトガルから伝わった菓子。江戸時代には南蛮菓子として定着していた。

軍鶏鍋
幕末志士の坂本龍馬が好んだとされる軍鶏鍋。江戸末期に大流行した料理で、提供する店が何軒も立ち並んでいた。

大福
大福のはじまりは江戸後期で、当時は生地を焼くのが定番だった。腹持ちがよいので腹太餅とも呼ばれた。

将軍様は豚肉が好き　
徳川慶喜（1837年〜1913年）

普段の食事
志士たちの普段の食事は白米に漬物という質素なものであった。時折、汁物や焼き魚が添えられたという。

徳川幕府の最後の将軍である慶喜。豚肉好きとして知られ、将軍候補を輩出する一橋家の養子であったことから、「豚一」という名が付いた。豚肉以外には漬物も好物であった。

一章　幕末志士の作法
二章　攘夷派と佐幕派の作法
三章　武器の作法
四章　幕末志士が作った維新の作法

海外の学問が維新旋風の原動力となった

幕末志士の作法 その八

該当する思想 ▷ 佐幕 攘夷 倒幕 開国 公武合体

該当する人々 ▷ 武士

蘭学を通じて得た知識が武士の思想を変革させた

江戸時代は幕府の鎖国政策により、長崎の出島が対外的な窓口だった。出島は対ポルトガル貿易のために築造されたが、ポルトガルがカトリック国であったために断交。その後、対オランダ貿易の窓口となる。以降、出島を経由して日本に輸入されたヨーロッパの学術・文化などを「蘭学」と称した。

8代将軍・吉宗は、享保の改革の一環として、キリスト教に関係のない漢訳洋書の輸入を緩和した。このとき吉宗の命でオランダ語を習得し、その成果として辞書や訳書を残した青木昆陽と野呂元丈が蘭学の先駆者とされる。昆陽らの跡を継いで、蘭学を大きく発展させたのが昆陽の弟子の前野良沢である。前野は医者の杉田玄白とともにオランダの解剖書『ターヘル・アナトミア』を翻訳し、1774年に『解体新書』として世に出した。

江戸時代後期、外国船が日本の沿岸にたびたび接近すると、幕閣内に蘭学への警戒感が強まる。その渦中で起きたのが蛮社の獄やシーボルト事件など、一連の思想弾圧事件である。シーボルト事件は、日本地図を国外に持ち出そうとしたドイツ人医師シーボルトらが処罰された一件。しかし、長い目で見れば西洋列強による外圧に抵抗する力は幕府にはなく、やがて開国へと追い込まれていく。

鎖国が解かれると、オランダ以外からも多くの知識が直接もたらされるようになり、蘭学は洋学の一部となる。この時期、洋学の中心は語学・兵学・医学であった。それら先進の知識を積極的に収集し、日本の近代化を急速に推し進めたのが勝海舟や島津斉彬などの開明派と呼ばれる人々である。彼らの敷いたレールは、やがて藩校や各地の私塾で洋学を学ぶ機会を得た志士たちに受け継がれ、明治維新へとつながっていくのである。

一章　幕末志士の作法

洋学の発展

洋学の導入が日本を近代化へと導いた

江戸中期頃から西洋の知識が流入しはじめた日本。学問のみにとどまらず、武士の思想にも大きな影響を与えた。

幕末の藩校

幕末の藩校では洋学による西洋の合理主義が説かれた。最先端の知識が流入することで、語学・医学・兵学は急速に発展することができた。

Column

日本に開国論の機運を高めたドイツ人医師・シーボルト

長崎に鳴滝塾という私塾を開設したドイツ人医師のシーボルト。来日したのは文政6年(1823年)で、幕府が強固な鎖国政策をとっていた時期であった。彼らの門下生はシーボルトの進んだ文明をいち早く身につけ、鎖国政策をとる幕府を批判。一時は弾圧の憂き目に遭うが、アヘン戦争で清がイギリスに負けると幕府は態度を一変。門下生は幕府に重用されることになった。

洋書の輸入

洋書輸入がはじまったのは徳川吉宗の時代。この下地があったことで、日本の近代化は早く進むことができたといわれている。

幕末志士の作法 その九

俳句に茶道、書画など多趣味な志士たち

該当する思想 ▷ 佐幕 / 攘夷 / 倒幕 / 開国 / 公武合体
該当する人々 ▷ 武士

和歌や俳句、絵画など多彩な趣味を持つ武士もいた

　江戸時代の教育レベルは驚くほど高く、町人の子でさえ「読み書きそろばん」を身につけていた。鎖国下にありながら識字率の高さは世界でもトップ水準。全国津々浦々まで、学問が生活の一部として組み込まれていた。

　そんな当時の日本において、武士たちがその学び舎としたのが幕府直轄の昌平坂学問所や各地の藩校である。浪人の子でもないかぎり、武士の子には公的機関によって教育を受ける機会が与えられていたのだ。

　主に藩士の子弟の教育の場であった藩校だが、庶民や農民に対して門戸が開かれる場合もあった。幕府直轄の学問所同様、儒学や漢学などを教えていたが、時代が下るにつれ算術や医学、洋学、各種の武芸なども教えるようになった。

　志士というと、攘夷や倒幕といったトレンドに流され、学問や芸術には目もくれないイメージがある。しかし、このように高い教育水準の下で育ったのだから、相応の教養を身につけていないほうがおかしい。そう考えると、高い水準の教養が、時代を動かそうとした志士たちのエリート意識を支えていたともいえる。

　基礎的な教養教育ばかりではない。俳句や茶道、書画をたしなむなど、芸道に秀でた才を見せた者たちもいる。土佐勤王党の盟主・武市瑞山（半平太）は、書画が巧みなことで知られる。絵は、高名な浮世絵師・弘瀬金蔵に学び、2年近くに及んだ獄中生活の中で、多くの書や絵画を残している。

　意外なところで、安政の大獄を主導した幕府大老の井伊直弼は、自ら流派を開くほど居合の達人であったほか、茶道や能楽、和歌や絵など趣味も多彩であった。茶道で石州流の流れを汲む一派を起こし、能楽では新作の狂言を制作。歌集も出版した。

一章　幕末志士の作法

志士の教養

志士たちは高い教養を身につけていた

勇猛果敢で腕っぷしが強いイメージの志士だが、それだけではない。高い教養を持ち、自己表現力にあふれていた。

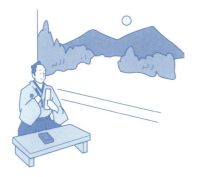

和歌

もともと和歌は公家の文化だったが、江戸時代にはあらゆる身分階層の人々が愛好。多くの志士たちも詠んでいた。

煎茶道

幕末・維新に最盛期を迎えた煎茶道。先行き不透明な騒乱の時代だっただけに、茶を立てて心を和ませたかったのだろう。

絵画

学問や武術だけでなく、絵画を習っていた志士も数多くいた。また、その者たちは雅号と呼ばれるペンネームを持っていた。

読書

志士の多くは暇さえあれば読書をしていた。ちなみに、初代内閣総理大臣の伊藤博文や新選組の近藤勇が読書家として知られる。

幕末FILE

松陰や海舟という名前は本名ではなく雅号

文人や画家、書家などが本名とは別につける雅な呼び名である雅号。幕末志士の吉田松陰や勝海舟は本名ではなく雅号である。松陰の本名は大次郎で、海舟は安芳なのだが、雅号のほうが一般的に知られている。

幕末志士の作法 その十

幕末の陰の主役は豪商たちだった

| 該当する思想 | 佐幕 | 攘夷 | 倒幕 | 開国 | 公武合体 |

| 該当する人々 | | | 商人 | |

幕末の風雲児たちを陰ながら支えた豪商たち

　何をするにもお金は必要。志士たちも活動資金の確保には頭を悩ませていた。そんなときパトロンとして経済援助を行ったのが、貨幣経済の下で富を蓄えていた豪商たちである。下関の廻船問屋・小倉屋に生まれ、8代目当主となった白石正一郎が、その代表的存在といえるだろう。廻船問屋は今でいう海運業者のことである。

　国学者・鈴木重胤の門人となった正一郎は、重胤を通じて西郷隆盛と知り合った。これがきっかけで薩摩藩との結びつきを深めた正一郎は、当地の志士たちとの交流を通じ、次第に尊皇攘夷思想への傾倒を強めていく。

　その後、正一郎の元には長州の久坂玄瑞、薩摩の西郷のほか、大久保利通らも出入りしていたという。土佐の坂本龍馬も、白石邸に身を寄せていた時期があった。白石は特に高杉晋作に惚れ込み、高杉が奇兵隊を結成したときには屋敷を本陣に提供、私財を投じて支援した。自らも奇兵隊に参加した正一郎は、その功績を認められ、長州藩から土地を与えられた。

　薩摩の豪商・森山新蔵も、藩の財政再建に貢献して士籍を与えられている。新蔵は息子の新五左衛門とともに、西郷隆盛らが主導した攘夷派グループの精忠組に参加。活動資金を援助している。

　長崎にグラバー商会を設立し、幕末の混乱に乗じ、武器弾薬を佐幕派、倒幕派の区別なく売りさばいていたスコットランドの貿易商トーマス・グラバー。彼もまた、多くの志士たちに便宜を図ったことで知られる。

　幕末維新の表の主役は志士たちだが、その裏にはこうした豪商たちが暗躍していた。むろん、そこに打算がないはずがない。勝ち馬に乗るにしろ、一か八かの賭けをするにしろ、商人たちも動乱の中で勝負していたのである。

一章　幕末志士の作法

豪商の支援

志士の活躍の裏には豪商の支援があった

武士たちは困窮にあえいでおり、脱藩藩士ともなればなおさらであった。支援にあたったのが豪商たちである。

資金援助
武器を買うにも兵隊を集めるにも資金がなければはじまらない。志士たちは豪商を説き伏せて、資金援助をしてもらっていた。

廻船問屋
武士は困窮していたが、生産力が向上し、経済が発展していた幕末は商人が富を独占。特に流通を押さえていた商人は巨万の富を築いていた。

豪商の屋敷
財力にものをいわせて立派な屋敷を建てた豪商たち。東京ドームよりも広い敷地を持っている者も少なくなかった。

幕末志士の作法 その十一
命がけの日々だからこそ女性と遊ぶときも全力

| 該当する思想 | 佐幕 | 攘夷 | 倒幕 | 開国 | 公武合体 |

| 該当する人々 | 武士 |

志は高くも女性関係はチャラかった

　国事に奔走する命がけの日々の中では、時に刹那主義に陥っても不思議はない。いつ命を落とすか分からない立場だからこそ、志士たちは色恋にも全力を傾けた。

　諸外国からの開国要求が強まるにつれ、政局の中心は対外的な国家の顔である朝廷へと移り、京の都は血なまぐさい闘争の舞台となった。

　志士たちは、明日の運命さえわからない緊張と高揚感の中、祇園をはじめとした色街へと足を運ぶようになる。祇園は八坂神社の神領。幕府の役人でも手を出せないため、潜伏場所に遊郭などを選ぶ志士も多かった。

　色街では客を選ばない。体制側の人間も攘夷志士も、等しく足を運んだ。幕吏ともなれば給料が支給されるため、遊ぶときも金離れがよく歓迎されたようだ。残された写真からも色男ぶりがうかがえる新選組副長の土方歳三。彼は当時もモテ男だったようで、祇園や島原などの遊女たちから恋文を大量に受け取ったらしい。鬼の副長のイメージからはほど遠いが、それを束にして見せて自慢することもあった。

　志士の中には脱藩浪士や、身分を偽っている人間も多い。遊ぶ金に困ることも多々あったはずだが、色街における攘夷派志士たちの人気は高かった。貧困の中で望まずして遊女に身を落とした女性たちからしてみれば、いくら金離れがよかろうとも、幕府の役人より、反体制の志士たちのほうが心情的に近いものがあったのだろう。

　志士のひとりである木戸孝允（桂小五郎）を献身的に支えた幾松も、そうしたひとり。木戸の目と耳となって情報収集をしたり、物乞いに身をやつした木戸の元に食事や下着を運ぶこともあった。幾松は維新後に晴れて木戸の正妻となった。同じ長州の伊藤博文の継妻梅子も芸者出身である。

一章　幕末志士の作法

女遊び

いつの時代でも男はやっぱり女が好き

大志を抱いていた志士たちだが、女性の前では普通の男と変わらない。時には女遊びにうつつを抜かしていた。

色街
佐幕派も攘夷派も関係なく、志士たちは色街へ出かけた。当然のことながら、金離れのよい志士ほど遊女にモテていた。

お座敷遊び
情報収集や政治工作のための会合や、豪商たちとの接待などで、お座敷遊びは欠かせなかった。

茶屋の娘
志士だけでなく庶民からも人気を集めていたのが茶屋の娘。顔なじみになり、関係を持つこともあった。

もっとも女好きな志士は？

伊藤博文
（1841年〜1909年）

初代内閣総理大臣を務めた伊藤博文は、幕末志士の中でも断トツの女好きとして知られる。掃いて捨てるほど相手がいたため、つけられたあだ名は「ほうき」だったという。また、40℃の高熱に見舞われながらも芸者遊びに繰り出したり、13歳の愛人がいたりと女性関係の逸話は尽きない。もし彼が現代の政治家であったなら、間違いなくクビである。

幕末志士の作法 その十二

ヨーロッパとアメリカの船がコレラや麻疹を持ち込んだ

該当する思想 ▷ 佐幕 攘夷 倒幕 開国 公武合体

該当する人々 ▷ 武士

暗殺、斬首、病死…志半ばに倒れた志士たち

　動乱期とはいえ、若くして命を落とした志士たちすべてが戦死したというわけではない。暗殺された者、病床で人生を終えた者、不本意ながら切腹に追い込まれた者もあった。

　暗殺でまず思い出されるのは、やはり坂本龍馬だろう。大政奉還の大仕事を成し遂げた龍馬は、京都の近江屋に盟友・中岡慎太郎といるところを急襲され、命を落とした。異説はあるが、幕府方の治安維持組織・京都見廻組の犯行とされている。

　兵学者の佐久間象山は、当時、洋学の第一人者として知られ、門下に勝海舟、河井継之助、橋本左内、坂本龍馬らが名を連ねるほどだった。ところが自信過剰であったため、攘夷派が闊歩する京の都を供なしで歩き、幕末四大人斬に数えられる河上彦斎らに暗殺される。新選組の母体・浪士組を結成した清河八郎、土佐藩の藩政改革の指導者だった吉田東洋も、その最後は暗殺である。周囲に影響力がある者は敵も多かったのだ。

　斬首や切腹により望まぬ死を迎えた志士といえば、安政の大獄で捕らわれた吉田松陰や橋本左内、土佐勤王党盟主で龍馬の幼馴染みの武市瑞山（半平太）が挙げられる。武市は吉田東洋暗殺の黒幕だけに、因果応報ともいえるが、西郷隆盛に優るといわれたその才を惜しむ者は多かった。

　あまたある死に方のうち、志士としてもっとも無念だったのは病死だったろう。幕末には妖怪にもたとえられるほど、人々から恐れられた。コレラの流行があり、薩摩藩の名君・島津斉彬もその猛威の前に命を落とした。ちなみに、コレラや麻疹などの病気は、ヨーロッパ船やアメリカの黒船から持ち込まれたものであった。幕末においてもっとも脅威だったのは、案外伝染病だったのかもしれない。

一章　幕末志士の作法

志士の死①

強靭な肉体を持った武士も病気には勝てない

外国との交流が増えた幕末は、さまざまな病気が流入。医療が未発達な時代だけに、多くの志士が死んでいった。

麻疹

幕末に流行した病気のひとつに麻疹が挙げられる。感染源は長崎に来航したヨーロッパ船で、数千名の人命が失われたという。

虎狼狸（幕末期）

コレラが伝染したのは黒船来航といわれている。当時は原因不明の病であり、人々は妖怪変化の仕業だと考えていた。

若くして死んだ天才剣士 証跡

沖田総司（おきたそうじ）（1842年？〜1868年）

虎狼狸獣（明治時代）

明治時代においてもコレラは難病であった。当時の新聞では、虎のような狸のような姿を図像化して紹介していた。

幕府の治安維持組織・新選組の一番組組長として知られる沖田総司。天才剣士といわれた彼は、結核におかされて20代後半の若さでこの世を去った。亡くなる前、庭にいた黒猫すら斬れないほど衰弱していたという。当時、結核は労咳と呼ばれ、幕末から明治にかけて大流行。急速な近代化が原因とされている。

43

志士の死②	志士は不意を狙って殺されることが多かった

幕末に頻繁に起きたのが志士たちによる暗殺である。影響力がある者を消し去ることで変革の必要性を訴えた。

暗殺

思想が異なる者や仲間割れなど、暗殺の理由はさまざま。己の信念のために、邪魔立てするものは次々に斬り捨てる。それが幕末の作法であった。

待ち伏せ
真正面でぶつかり合えば、自分の命を落としかねない。暗殺する際は、待ち伏せして不意を突くのが常套手段であった。

毒殺
毒殺による疑いで死んだ者も少なからずいた。ただし、毒を検出する技術は幕末には存在せず、確証はない。

Column

暗殺未遂も多かった

日頃の鍛錬で肉体や精神が鍛えられていた志士たち。暗殺者がいきなり襲ってきても、不穏な空気を察知し、まんまと逃げおおせることが往々にしてあった。

一章　幕末志士の作法

志士の死③

死刑宣告を受けてこの世を去った志士もいた

幕府の意向に背く者は厳正に処罰された幕末期。無念にも斬首や切腹でこの世を去った者も多かった。

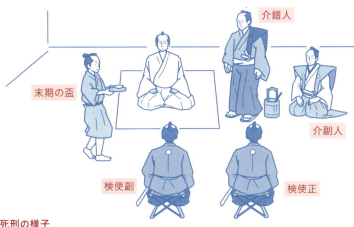

死刑の様子
江戸時代、武士の死刑といえば切腹の上、斬首することが定められていた。また、斬首の際には死装束を着させられ、介錯人と呼ばれる役人が首を斬り落とした。

獄門
斬首のあと、3日間ほど見せしめとして市中に設置された獄門台に首が置かれることもあった。この刑が科せられたのは、浪人や農民たちであり、武士には行われなかった。

男を魅せた三文字切腹
武市瑞山（半平太）
（1829年〜1865年）

土佐勤王党という組織を結成し、攘夷を訴えた武市瑞山（半平太）。数々の暗殺事件に関わった彼は、捕縛後に切腹の宣告を受ける。武士にとって切腹は最期の見せ場。武市は3回腹を掻っ捌く「三文字切腹」という方法で切腹をしたのち、介錯人の手によって斬首された。どんな武士も達成したことのない見事な死に様として、後世に語り継がれることとなった。

column ①

片っ端から斬り捨てる
幕末の恐ろしい暗殺者

数奇な運命を辿った人斬り以蔵

幕末の世に恐れられたひとりの暗殺者がいる。その名は岡田以蔵。土佐藩郷士の家に生まれた以蔵は、同じ土佐藩の攘夷派志士である武市瑞山（半平太）に師事。その後、武市が結党した土佐勤王党に入ると、武市の命ぜられるままに暗殺の仕事を請け負うようになる。「何某は怪しい」と武市がいえば以蔵の姿が消え、やがて何某は殺害されている——。土佐藩下目付の井上佐一郎の暗殺を皮切りに、幕吏のスパイであった猿の文吉、京都奉行所与力の4名など、片っ端から斬り捨てた。一時は坂本龍馬の紹介で勝海舟の警護もしたが、幕吏によって捕縛されると井上殺しを白状し、打ち首に。享年28歳。血風に吹き荒れた人生の幕を閉じた。

二章

攘夷派と佐幕派の作法

幕末志士は大きく分けると佐幕派と攘夷派が存在する。佐幕派は幕府を守るために戦い、攘夷派は外国勢を追い払うべく蜂起し、その後は倒幕へと向かった。いわば保守と革新のような図式であり、どちらの側にも一定のルールや作法というものが存在していた。

| 攘夷派と佐幕派の作法 その一 | 京都に志士が集まったのは藩邸(はんてい)があったから |

| 該当する思想 | ▷ | 佐幕 | 攘夷 | 倒幕 | 開国 | 公武合体 |

| 該当する人々 | ▷ | 武士 | | | |

江戸から離れた古い都が幕末政局の中心となった

　文久(ぶんきゅう)2年(1862年)、孝明天皇の妹・和宮(かずのみや)と14代将軍・徳川家茂の婚儀が行われた。皇女の将軍家への降嫁(こうか)は、井伊直弼の大老時代に発案されたもので、朝廷の頭を押さえつけるという幕府側の意図があった。井伊暗殺後は、幕府が朝廷の権威を取り込む公武合体の象徴となっていく。この頃から京都が政局、政争の中心となっていった。

　京都には江戸初期から、多くの大名の京屋敷(きょうやしき)(藩邸)が存在した。それには御所の存在も大きかったが、旧都として時を重ねた京都が依然、文化工芸の中心地であった点も見逃せない。とはいえ、天皇のお膝元で諸大名の勝手な振る舞いを許すわけにはいかない。将軍家の見えないところで朝廷と大名家が接触することがあれば、それは好ましくないどころか由々しき事態である。そこで幕府は、都の治安維持を目的とした京都所守護職(きょうとしょしゅごしょく)を設置した。

　公武合体派と尊皇攘夷派による主導権争いが朝廷を巻き込んで熾烈(しれつ)さを増した幕末、懸念は現実のものとなった。幕府は畿内(きない)の混乱を抑えるため、従来の京都所司代、京都町奉行などを統括する京都守護職を設置。会津藩主・松平容保(まつだいらかたもり)が同職に就任する。新選組は非正規ながら、守護職支配下に置かれて市中警備を任されたれっきとした警察組織なのである。

　守護職設置は尊攘派に対して一定の抑止力にはなったものの、諸藩の志士たちは京屋敷を拠点に活動を続けた。さすがに京屋敷に脱藩浪人が足を踏み入れることはなかったが、そんなときは旅館や料亭が寄宿先や会合の場に使われた。長州藩の定宿だった池田屋や、寺田屋騒動と龍馬襲撃事件、2回の重要事件の現場となった寺田屋などである。志士たちは危険から身を避けるため、京屋敷や、こうした拠点を飛び回って政治活動を行っていたのだ。

二章　攘夷派と佐幕派の作法

志士の拠点

志士たちは京都に集結して攘夷を訴えた

京都には京屋敷と呼ばれる諸藩の屋敷があり、政治活動の拠点にした。また、旅館や料亭に寝泊まりする者もいた。

京屋敷（藩邸）
朝廷がある京都は、学問や文化の中心地として栄えていた。そのため諸藩は京都の土地を私的に取得。京屋敷と呼ばれる藩邸を建て、藩士を駐在させていた。

旅館
京屋敷には控え屋敷と呼ばれる代わりの屋敷も用意されていたが、それでも収容しきれなかった藩士は旅館に定宿した。また、旅館は脱藩藩士の隠れ家にもなった。

寺院
佐幕派の志士たちは寺院を間借りすることもあった。広い敷地を利用して、剣術の訓練なども行ったという。

幕末FILE

京都所司代

京都の朝廷や公家を監視するために設けられた役職であり、この役を経た者のほとんどが幕府の最高官職である老中へと昇進。出世コースのための通過点という位置づけの役職であった。

49

攘夷派と佐幕派の作法 その二

体制批判をした志士は縄で吊るされた

| 該当する思想 | 佐幕 | | | | | 該当する人々 | 武士 | 農民 | | |

反体制の攘夷志士には容赦ない拷問が加えられた

　証拠より自白が重んじられていた幕末では、取り調べに拷問が用いられることがあった。容疑者が自白しないとき、牢屋敷にある穿鑿所と呼ばれる取調室で拷問の前段階として行われたのが責め問いで、笞打と石抱の2種があった。

　うしろ手に縛り、上半身を裸にさせた被疑者の肩を箒尻で力まかせに打つのが笞打。これで自白しないと石抱が行われた。裾をまくった状態で算盤板の上に座らせ、重さ12貫（約45kg）の石の板を、1枚、また1枚と重ねていくのである。

　石抱で音を上げない強者には、拷問蔵での本格的な拷問が待っている。海老責めと吊し責めだ。海老責めは体を顎と足首が密着した、あぐらを折りたたんだような状態に縛り上げるもので、時間が経つごとに苦痛が増していく。これで自白しない者に、吊し責めが行われた。両腕をうしろで縛り、太縄で天井から吊る。爪先が地面から離れるようにすると、縄が肉に食い込み、血が吹き出して相当な激痛だったという。

　これらの拷問は一刻（約2時間）という制約があった。拷問に頼るのは、一面、証拠を揃えられなかった奉行の恥につながるためである。執行の際は老中の許可も必要とした。

　新選組による拷問も苛烈なものだった。攘夷志士の古高俊太郎の取り調べは、局長の近藤勇、副長の土方歳三が直々に担当。古高を逆さ吊りにした上で足の甲に五寸釘を打ち、さらにその釘に蝋燭を立て、火をつけたとされる。結果、古高はクーデター計画を自白、池田屋事件へとつながっていく。

　その後、六角獄舎（尊攘派が多く処刑された京都にあった牢獄）に収容された古高の末路も悲惨であった。禁門の変の大火が獄舎に迫ると、逃亡を恐れた役人たちにより、裁判の判決を待たずに斬首されたのである。

二章　攘夷派と佐幕派の作法

志士の拷問

攘夷を訴える志士に対する厳しい拷問

被疑者に対する人権など皆無だった近世の時代。幕府を批判する志士には厳しい拷問が待ち受けていた。

六角獄舎
京都に集まった志士が捕らえられると、六角獄舎という牢屋敷に収容された。正式名は三条新地牢屋敷。その歴史はとても古く、平安京の左獄にまで遡る。

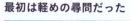

最初は軽めの尋問だった　証跡

古高俊太郎（1829年～1864年）

逆さ吊りの状態で足の甲に五寸釘を打たれるという激しい拷問を受けた古高俊太郎。ただ、いきなりこのような拷問を受けたわけではない。自分の名前を名乗ったあとは黙秘を続けていたために、拷問がエスカレートしたのが実情のようである。

笞打（責め問い）
被疑者に笞を打って苦痛を与え、自白を強要する刑。武士には執行されなかったが、浪人に対しては執行された。

石抱（責め問い）
1枚12貫（約45kg）の石の板を重ねていく刑。4枚までは一気に重ねて、5枚目からは時間をかけて苦痛を長引かせた。

海老責め（拷問）
縛り上げた姿が海老のかたちに似ていることから名づけられた拷問刑。全身がうっ血して死に至ることもあった。

吊し責め（拷問）
縄を使って吊し上げる拷問。壊死や脱臼、排泄もままならない屈辱を受ける。この状態で笞を打つこともあった。

| 攘夷派と佐幕派の作法 その三 | **当時の人々は肖像写真を撮ると魂を抜かれると思っていた**

| 該当する思想 | 佐幕 | 攘夷 | 倒幕 | 開国 | 公武合体 |

| 該当する人々 | 武士 |

最新の技術が写し取った若き志士たちの素顔

　幕末は肖像画から肖像写真へと移り変わる過渡期でもあった。写真は絵よりもリアル過ぎたため、魂を吸い取ると当初は恐れられていた技術だったが、多くの幕末志士は肖像写真を残している。進取の気性に富んだ者たちだっただけに新しい技術にも臆することなく挑むことができたのだろう。

　一方、臆病というわけではないにしろ、西郷隆盛のように写真を残さなかった者もいる。犬を連れた上野の西郷さんの顔も、元になった肖像画は本人のものではなく、弟の従道と従兄弟の大山巌を参考に描かれたものだという。

　当時、日本の写真術の最先端にいたのが上野彦馬だ。長崎で蘭学者の家に生まれた彦馬は、医学伝習所で化学を学ぶ中で湿板写真に関心を持った。その後、写真機や薬品を自作しながら写真術を習得。文久2年（1862年）、長崎の中島川河畔に日本最初期の写真館を開業した。上野撮影局と名づけられたこの同撮影局で、伊藤博文、高杉晋作、坂本龍馬など若き志士たちの肖像写真の撮影が行われた。先に写真館を訪れた貿易商トーマス・グラバーをはじめとする外国人客から、交流のあった志士たちに伝わり、一種のブームのようなものが起きたのだろう。

　彦馬の父・上野俊之丞も写真とは縁浅からぬ人だった。長崎奉行所の御時計師だった俊之丞は、オランダ商館から銀板写真機を輸入したことがあるのだ。写真機はやがて薩摩藩主・島津斉彬の手に渡り、斉彬を撮った写真は日本人初の写真撮影の成功例となった。

　余談だが撮影当日の日付、旧暦の天保12年（1841年）6月1日にちなんで新暦の6月1日は写真の日となった。ただしこの日付は間違いで、本当は安政4年（1857年）9月17日が正解。とはいえ、この日は依然、写真の日のままである。

二章　攘夷派と佐幕派の作法

肖像写真

志士の多くは自分の姿を写真に残した

幕末に登場した新しい技術といえば写真であった。新しもの好きな幕末志士は、こぞって肖像写真を撮っていた。

カメラにガラス板をセットする

湿板写真
幕末から明治初期にかけて撮影された写真は、フィルム写真ではなく湿板写真と呼ばれる技術。カメラにガラス板をセットする撮影方法で、アナログ写真の原点といわれている。

幕末FILE

写真は魂を抜かれる？

当時の写真は1枚撮るのに20分〜30分の時間を要した。その間、写真に撮られる人は疲れてしまい途中で倒れてしまう人もいた。そのことから「カメラに魂を抜かれる」といわれていた。

写真以外の流行りもの

懐中時計
急速に洋装化が進んだ幕末では、アクセサリーのひとつとして懐中時計を取り入れるのが人気となった。

ブーツ
武士の足元といえば草履が定番だったが、洋装化が進む中でブーツを履くのがオシャレとされた。

香水
幕末から明治初期にかけて輸入された香水。明治5年には国内で生産されるようになった。

53

上下関係に厳しい土佐の身分制度が反骨精神を育んだ

攘夷派と佐幕派の作法 その四

該当する思想 ▷ 佐幕 攘夷 倒幕 開国

該当する人々 ▷ 武士 農民

身分差に苦しめられた郷士が動乱の中で一躍主役に！

薩摩藩と長州藩の仲を取り持ったことで知られる坂本龍馬。彼は土佐藩の郷士の生まれだが、土佐藩にはほかにも多くの幕末志士が活躍している。

戦国時代、土佐の長宗我部家によって統一された四国は、豊臣秀吉に屈して中央政権に組み込まれる。そして秀吉の死後、徳川家康が関ケ原の戦いに勝利すると、山内一豊が土佐藩主に封じられた。その際、長宗我部家の主力であった一領具足（半農半兵の兵士たち）を、懐柔するため取り立てたのが郷士のはじまりである。

下級藩士にあたる下士のうち、郷士は最上位となるが、下士自体が長宗我部氏の流れをくんだ者たち。一方、藩の重職に就く上士は山内家の家臣によって占められていた。上士と下士は生まれたときから区別され、その身分は生涯固定。下士に生まれればいくら有能でも要職には就けず、上士に逆らうことさえ許されなかった。

郷士は功績によって新規に取り立てられることがあったほか、株の売り買いによって身分を取得することもできた。龍馬も実家が豪商であったため、郷士株を買うことで郷士の身分を得た。また、目立つ功績を残すなどした者は、郷士でも例外的に上士の扱いが受けられる白札の階級になることができた。土佐勤王党の盟主・武市瑞山（半平太）も白札である。

長い抑圧の下で、憎悪ばかりでなく一発逆転の思いを育てた郷士たちが表舞台に立たんとしたのが幕末という時代。土佐藩内の主導権争いの中で、武市は藩主の覚えめでたい開国派の吉田東洋を暗殺。しかし、自らもその罪を問われて切腹に追い込まれる。武市を死に至らしめたのは東洋門下の後藤象二郎らであった。土佐藩の内紛は、攘夷派や佐幕派の対立であると同時に、郷士対上士の階級闘争だったのだ。

二章　攘夷派と佐幕派の作法

土佐の身分制度

厳しかった土佐藩の身分制度

生まれたときの身分で一生が決められた土佐の過酷な身分制度。しかし、その抑圧された環境が志士を目覚めさせた。

平伏する足軽

郷士は下士の中でも最上位。最下位の足軽ともなれば、上士に対して通り過ぎるまで平伏しなければならないという厳しい掟があった。

上士の衣服
足元は白足袋に下駄を履くことが許され、雨の日は傘を差せた。登城する際は、袴という正装が許された。

下士の衣服
足元は草履を許されたが裸足の者もいた。雨の日は傘を差すことは認められず、笠と蓑というスタイルであった。

Column

土佐勤王党は下士の身分の者を中心に構成された

武市瑞山（半平太）が幕府に対して攘夷を迫るために結成した土佐勤王党。結成後、およそ2年で192名が集まるも、そのほとんどが郷士や地下浪人という下級武士で構成され、上士はたった2名しかいなかった。武市は攘夷を訴えつつも、その内実は既存の封建制度そのものを壊したかったのかもしれない。

55

貿易で儲けて世界平和を考えた志士もいた

攘夷派と佐幕派の作法 その五

該当する思想 ▷ ～

該当する人々 ▷ 武士　農民　商人

仇敵同士を商売で結びつける幕末のブローカー集団

　武力の交戦でなく、世界各国が貿易で切磋琢磨する現在の国際社会。世界の国々が侵略し合う幕末の世にあって、時代を先読みした世界を築こうとした男たちがいた。坂本龍馬が率いた亀山社中である。
　資本金や運営資金は、自らが出資していたわけではない。幕府や藩などの陣営を問わないばかりか、豪商たちからも資金を調達し、外国との貿易を通じて出資者すべてを潤すことを考えていた。亀山社中が日本初の株式会社といわれる所以である。また、海外に志がある者であれば誰でも受け入れたり、給料は全員一律であったりと、今までなかった新しいルールで仲間たちを募った。貿易で理想的な社会を築くという亀山社中の方針は、時代を捉えたというより、時代の遙か先を行く発想といえるだろう。開国派の勝海舟に学び、視野を広げた成果が、ここに来て花開こうとしていた。
　将来的に外国との対等な貿易を目指していた龍馬たちだが、亀山社中時代の最大の功績というと、歴史的に見れば薩長同盟になるだろう。長崎のグラバー商会から武器などを薩摩藩名義で購入、それを長州に渡すブローカー業務を通じ、こじれにこじれていた薩長の間を修復。それどころか倒幕への協力体制を築いた。憎しみを募らせていた仇敵同士を、商取引を媒介に結びつけることに成功したのだ。
　私設海軍としての機能も持っていた亀山社中は、第2次長州征伐に参加。その後、龍馬が土佐藩から脱藩の罪を許されたのを機に、海援隊として再出発。中岡慎太郎の陸援隊と並ぶ土佐藩の外郭団体で、その規約に「運輸・射利（手段を選ばない利益の追求）・開拓、本藩（土佐藩）の応援をなすを主とす」と掲げた。しかし、夢半ばで龍馬は暗殺され、海援隊は解散となった。

二章　攘夷派と佐幕派の作法

海援隊のルール

幕末志士は斬り合いをしていただけではない

坂本龍馬が率いた亀山社中や海援隊の最大の目的。それは、貿易を通じて平等で自由な社会を築くことにあった。

海外に志のある者
海外に志を持った者であれば、来る者を拒まない。幕末の世にあって、広い視野を持つというのが海援隊の基本的な作法だった。

隊長に従順であること
組織力を高めるため、リーダーの指示には必ず従うのも海援隊の決まりのひとつだった。

隊員同士で助け合う
自分の職務や持ち場だけをまっとうするのではなく、仲間同士で助け合うことも求められた。

給料は全員一律
リーダーも新人も分け隔てなく給料は一律。金銭格差による不平不満や争いごとを解消した。

攘夷派と佐幕派の作法 その六

松下村塾は非エリートが集まる場所だった

該当する思想 ▷ 攘夷

該当する人々 ▷ 武士 農民

過激な攘夷論者が開いた自由な気風の学び舎

多くの傑出した志士を輩出した長州の私塾・松下村塾。主宰の吉田松陰は、9歳で藩校・明倫館の兵学師範に就いた早熟の天才だ。アヘン戦争で清がイギリスに大敗すると、松陰は時代遅れの日本兵学に見切りをつけて西洋兵学に転向。日米和親条約締結のために再来航したペリーの船に乗り、アメリカ渡航を企てるまでになった。

結果的に渡航に失敗した松陰が、叔父の開いた松下村塾を、本家の杉家に幽閉中の安政4年（1857年）に引き継いだ。塾における松陰と生徒の関係は師弟ではなく、あくまでともに学ぶ同士。指導内容も師が書を読んで講義する従来の方式ではなく、書の解釈について議論するやり方をとった。

ルールに縛られず、自主性を重んじ、短所より長所を伸ばす松下村塾ののびやかな気風の下、四天王と呼ばれた久坂玄瑞、高杉晋作、吉田稔麿、入江九一のほか、伊藤博文、山縣有朋といった優れた志士たちが育った。藩校などで行われた従来の教育法に背を向けた、非エリート教育の成果である。

安政5年（1858年）、江戸幕府が朝廷の頭越しに日米修好通商条約を締結。怒りを覚えた松陰は、老中首座・間部詮勝の殺害を計画。しかし、弟子の久坂や高杉らに反対されたため絶縁状を送る。そして安政の大獄の嵐が吹き荒れる中、投獄された際に老中殺害計画を自白して死罪となった。

若くして生涯を終えた松陰。しかし、思想は残った。草莽崛起がその思想の中核。草莽は在野の人、崛起はいっせいに立ち上がることを指す。天下のことを為すには、藩などの枠組みを超え、有志の士の心をひとつにしなければならない。尊皇攘夷の実現には国中の志士の結集が必要という考え方である。倒幕を実行したのは、事実そうして日本中から集まった志士たちであった。

二章　攘夷派と佐幕派の作法

松下村塾の教え

志士としての指針を示した松下村塾

攘夷派志士としての心構えや作法を説いた松下村塾。塾長・吉田松陰は死罪となるが、その教えが確実に広まった。

諸大名や公家に頼らない
権力を持つ諸大名や公家に頼らずに、在野の人々が自らの力で立ち上がらなければ攘夷の志は果たせないと説いた。

藩の枠を超えて結集する
藩の枠組みを超えて国内にいる志士たちを結集することが、いずれ藩や幕府にとってよい方向につながると考えた。

脱藩して忠孝を貫くこと
諸大名や公家の力に頼らずに、さらに藩の枠を超えて志士たちが結集するには、脱藩することを第一条件とした。

Column

**吉田松陰は教育者か？
テロリストの扇動者か？**

維新の立役者たちを育てた立派な教育者というイメージがある吉田松陰。しかし、これはあくまでも明治になって作られた評価。幕末の時代に視点を変えれば、松陰は数々の暗殺や襲撃を弟子たちに実行させたテロリストの扇動者だったともいえる。

59

攘夷派と佐幕派の作法 その七
薩摩の私学校は教育機関ではなく軍事組織だった

該当する思想 ▷

該当する人々 ▷ 武士 農民 商人

ともに幕府と戦った同士が敵として相対した西南戦争

あまたの志士たちが命を賭し、その結果、明治という新しい時代がやってきた。だが、国内の騒乱は容易にはおさまらない。尊皇攘夷思想を拠り所に倒幕を実現した者たちにとって、維新後に明治新政府がとった開国路線は理解しがたいものだった。自分たちは何のために戦ったのか、アイデンティティの喪失に悩まされたのである。

幕末の動乱は、結局は反徳川の政治闘争にすぎなかった。そんな御一新の実態が明らかになりはじめた明治6年(1873年)、朝鮮を武力開国しようという征韓論をめぐって政府内が分裂。敗れた西郷隆盛、板垣退助、江藤新平らが下野する事態が生じた。

故郷に戻った西郷隆盛は、自分に従って中央政府を去った同郷人たちの受け皿の意味もあり、間もなく鹿児島に私学校を設立。篠原国幹が監督する銃隊学校、村田新八が監督する砲隊学校から成り、県下に士官養成のための賞典学校など多数の分校を有する。それは学校というより巨大な軍事組織であった。鹿児島県令(知事)の大山綱良は、租税を政府に納めず、一方で私学校を経済的に支援。そればかりでなく私学校の人間を官吏に採用、中央からの通達にも応じなかった。鹿児島は、あたかも独立国の様相を呈する。

その後も、仕事や職を追われた士族たちが次々に西郷を慕って薩摩へと流入。その数は3万人まで膨れ上がった。銃隊学校の学生は全員を収容することができないため、昼夜の二部制にするほどだったという。

いつか来るべき日のために軍事教育を行っていた私学校だが、西郷自身は政府と事をかまえるつもりはなかった。

だが、政府による西郷暗殺計画が露顕したことで私学校の学生たちが暴発。私学校は本物の軍事組織と化すが、政府軍によって鎮圧された。

二章　攘夷派と佐幕派の作法

薩摩の私学校

独立国家のように振る舞った薩摩

西郷隆盛は政争に敗れ、故郷の薩摩に下野した。その後、いくつもの軍事学校を創立し、学生たちに軍事教育を施した。

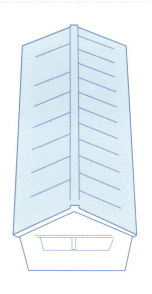

銃隊学校

銃隊学校という名前のとおり、軍事色が強い学校。1000人を超える学生は全員を収容することができず、授業は交代制だった。また、入学にあたっては在校生の紹介が必要とされた。

賞典学校

明治維新の功労者に対して与えられた賞典禄を元に西郷隆盛が建てた学校。士官を養成するための学校で、外国人講師も教育にあたった。

吉野開墾社（よしのかいこんしゃ）

昼間は農業に従事して近くの土地を開墾。夜間が勉学に励む場となっていた。また、開墾した土地では野菜などを栽培し、学生たちで分けた。

西郷さんの素顔とは？　証跡

西郷隆盛
（1828年～1877年）

写真が残されていないことで知られる西郷隆盛。残された肖像画は西郷の親戚を参考にして想像で描写されたもので、上野公園にある銅像もこの肖像画を元に造られている。ちなみに、明治31年(1898年)に行われた銅像の除幕式において、西郷隆盛の妻・いとは、銅像についてかなり違和感を持ったといわれる。その理由には諸説あり、顔が似ていなかったからとも、浴衣姿で散歩をする人ではなかったからともいう。

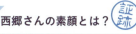

61

| 攘夷派と佐幕派の作法 その八 |

剣客集団の新選組は"いも剣法"と呼ばれていた

該当する思想 ▷ 佐幕

該当する人々 ▷ 武士　農民　商人

新選組が活躍すればするほど天然理心流の名も上がる

　新選組の中核メンバーの近藤勇、土方歳三、沖田総司、山南敬助、井上源三郎を俗に試衛館組と呼ぶ。試衛館は江戸にあった天然理心流の道場。食客として永倉新八、原田左之助、藤堂平助、斎藤一らも名を連ね、ある意味、新選組そのものだった。

　天然理心流の階級は初級の切紙からはじまり、目録、中極意目録、免許、印可と進み、最後の指南免許を得ると一門をかまえることができる。いずれにしても、稽古より実戦が新選組の真骨頂。各自の剣の実力は、攘夷派志士たちと互角かそれ以上に戦う腕前であったに違いない。

　当時、江戸には北辰一刀流の玄武館、神道無念流の練兵館、鏡新明智流の士学館の、いわゆる三大道場があった。それぞれ玄武館は坂本龍馬、練兵館は木戸孝允（桂小五郎）、士学館は武市瑞山（半平太）が入門したことでも知られる。そんな三大道場と比べて天然理心流試衛館は、江戸とはいっても多摩を地盤としたマイナーな剣術道場であり、市中では「いも剣法」などと呼ばれていた。それが一気に名をとどろかせたのは、やはり新選組の存在あってこそ。実際の斬り合いが避けられない幕末は、剣術流派にとっては成り上がりの好機だったという見方もできるだろう。

　幕末の動乱は、剣術が隆盛を極めた時代に勃発する。天然理心流に教えを乞うていた者らの中には農民が多数を占めており、新選組局長の近藤勇も副長の土方歳三も農民出身であった。彼らは剣術を習うことができても、武士の身分ではないので帯刀は許されず、刀を差して街を練り歩くことはできない。そんな中での新選組の前身・壬生浪士組の隊員募集である。農民たちにとって、幕末は大腕をふるって刀が差せるチャンスだったのだ。

二章　攘夷派と佐幕派の作法

天然理心流①

新選組の多くは剣術道場の出身者

幕末において剣術の流派はじつに200以上。新選組出身者の多くが属していた天然理心流もそのひとつであった。

天然理心流の出張指導
開祖である近藤内蔵之助は江戸に道場を開いたが、東京の多摩や八王子に出向して農村で剣術を教えていた。そのため、江戸市中では「いも剣法」と揶揄されていたという。

農民

幕末になると剣術を習うのは武士だけにかぎらず、農民も習うようになっていた。

他流試合
幕末の剣術道場では他流試合が盛んに行われていた。試合に勝てば流派や道場の名前を広めることができたのである。ちなみに近藤勇が道場主だった頃の試衛館も他流試合を積極的に行っていた。

> **Column**
>
> **天才剣士と呼ばれた沖田総司の剣術の腕前**
>
> 9歳の頃より試衛館に預けられた沖田総司。天然理心流の免許は6段階あり、最高位である「指南免許」を取得するにはおよそ20年かかるという。しかし、沖田の場合はたった10年で指南免許を与えられ、19歳のときに道場主であった近藤勇の代理を務めていた。

63

天然理心流②

天然理心流は総合武術団体だった

日本一の剣客集団と呼び声の高い新選組。母体である天然理心流は、剣術だけでなく居合術や柔術も教えていた。

剣術
竹刀や防具をつけて行うスタイルだが、洗練された形式ばった剣術ではなく、確実に人を殺傷する実戦を意識したものであった。

柔術
戦国時代の組打ち術を祖とした格闘技。相手を抑え込んだり投げたりと、現代スポーツの柔道をより実戦的にした体術。

目録
武芸を磨くと目録と呼ばれる巻物がもらえた。目録には、日付や氏名のほか、習得した剣術名などが記載されていた。

居合術
日本刀を鞘におさめた状態で帯刀し、鞘から抜く際に攻撃を繰り出す(もしくは相手の攻撃をかわす)抜刀術。

二章　攘夷派と佐幕派の作法

新選組の はじまり

新選組は幅広い階級層の集まりだった

武士だけでなく、町人や農民でも入ることができた新選組。剣術を習っていた農民にとってはまたとない好機であった。

武士に対する憧れ
剣術を習うことができても帯刀は許されない身分であった農民。日頃から剣術と触れ合うことで、武士階級に憧れを持つ農民は少なくなかった。

新選組の入隊条件
国に報いる心と健康な体を持っていることが新選組の入隊条件。入隊すれば帯刀が許されるだけに、多くの町人や農民が志願した。

新選組の給料
入隊したばかりの新人でも3両の給金が支給。現在の価値に換算すると30万円ほど。そこそこ割のいい仕事であったため、給料目的で入隊を希望する者もいた。

| 攘夷派と佐幕派の作法 その九 |

新選組の制服は赤穂浪士がモデルだった

該当する思想 ▷ 佐幕 | 攘夷 | 倒幕 | 開国

該当する人々 ▷ 武士 | 農民

京の町を震え上がらせたダンダラ羽織と「誠」と文字

　新選組の名の由来には2説ある。ひとつは会津藩に元からあった部隊名を与えられたという説で、もうひとつは朝廷から下賜されたという説。表記も、「新選組」と「新撰組」の2種類がある。屯所の表札や隊の公文書は選の字なので、こちらが主として使われていた可能性が高いが、会津藩の文書には撰と記載されているからややこしい。隊士たちも選と撰を併用していた。

　ダンダラ羽織と呼ばれる制服と、「誠」の字を染め抜いた隊旗は新選組のトレードマーク。浅葱色の地に、袖を山形に白く染め抜いたダンダラ羽織は、異説もあるが、大文字屋呉服店（現・大丸）が製作を担当したと伝えられる。歌舞伎の人気演目『仮名手本忠臣蔵』で赤穂浪士が吉良邸に討ち入りした際に身につけていた羽織を参考にしたもので、浅葱色は武士が切腹のときに着る裃の色の流用。武士としての栄達を夢見ていた近藤勇らにとって、赤穂四十七士が体現した武士の美学に相当な思い入れがあったがゆえだろう。ただ、京の町ではダサいと不評で、隊士たちのウケも悪かった。よって、実際はあまり着られなかったという。

　隊旗については、縦4尺（121cm）、幅3尺（91cm）の長方形という証言が残されている。この証言は屯所を提供した八木家の息子・為三郎によるものなので信憑性は高い。ただ、ほかにもいくつか異なる証言も残されており、普段使いするものから戦場で掲げるものなど、状況によって何種類かを使い分けていたという説が有力である。

　使用頻度はさておき、新選組の制服と隊旗が、攘夷派には特別な雰囲気をまとって見えたのは間違いない。町中を歩くとき、遠くにダンダラ羽織が見えたら慌てて横道に身をかわす。そんな光景が幕末の京都で、日常的に見られたことだろう。

二章　攘夷派と佐幕派の作法

新選組の制服

じつは不人気だったダンダラ羽織

新選組のシンボルといえばダンダラ羽織。これは忠臣蔵の四十七士の武士道精神にあやかろうとしたものであった。

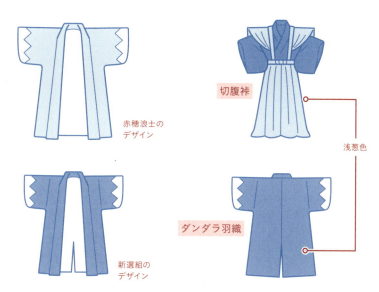

デザインの由来
歌舞伎の人気演目である『仮名手本忠臣蔵』の衣装を真似た。

色の由来
つねに死を意識するため、切腹の際に着る裃と同じ浅葱色を採用した。

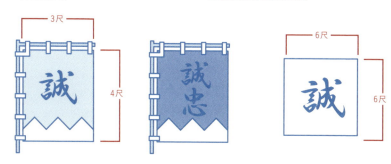

隊旗
緋羅紗と呼ばれるポルトガル製の毛織物に、「誠」もしくは「誠忠」の文字があしらわれていた。「誠」のみの場合は、デザイン的に「誠忠」を簡略したものだといわれている。

| 攘夷派と佐幕派の作法 その十 |

新選組の屯所は病人が出るほど汚かった

該当する思想 ▷ 佐幕　　該当する人々 ▷ 武士　農民

病人だらけの屯所の有様に幕府の典医も呆然

　新選組の拠点にして、隊士たちが起居する屯所。隊を発足して最初の屯所となったのは壬生村の八木源之丞邸だった。隊の前身の壬生浪士組、さらにその前身の浪士組時代から近藤らが寄宿していたなじみの場所である。この頃の新選組の朝食は、壬生菜の漬物がつきものだった。当時は敷地内で野菜を育てることが普通だったので、隊士が口にしていた食材も邸内で自ら育てていたのかもしれない。

　やがて隊士が増えると、八木邸では手狭となり、向かいの前川邸も屯所として使用するようになった。攘夷派志士の古高俊太郎に、土方が激しい拷問を加えたのは、この前川邸の蔵である。前川家の人たちにとって、壬生狼と呼ばれた荒っぽい男たちとの共同生活は耐えられないものがあったようだ。やがて一家は逃げるように邸から去っていった。じつにいい迷惑な話である。

　池田屋事件や禁門の変における活躍で多額の恩賞を下賜された新選組は、大々的に隊士を募集。結果、200名の大所帯になり、再び屯所の引っ越しが決まる。西本願寺がその場所に選ばれたのは、勤王派で知られる同寺を内側から監視する意味合いもあった。

　寺内の広大な集会所に多くの小部屋を設け、八木邸から道場も移設したことで、しだいに新たな屯所の体裁が整いはじめる。幕府典医の松本良順が訪ねてきたのは、この頃のこと。近藤と土方の案内で屯所を回った良順は、局長が自ら客を案内してきているというのに、裸でごろ寝している者が多いのに驚いた。聞けば、3分の1が病人だという。良順はすぐに治療の段取りをつけると、入浴や栄養改善を勧めたという。

　殺伐とした日々の中で、暇なときは朝から酒食に逃避する荒んだ生活が、隊士たちの健康をいつしかむしばんでいたのだろう。

二章 攘夷派と佐幕派の作法

屯所での生活

新選組は屯所で共同生活を送っていた

仕事中はつねに危険に身をさらされていた新選組。屯所での生活は至って穏やかなものであったようだ。

掃除
新選組の朝は屯所の掃除からはじまる。ちなみに、副長・土方歳三は掃除好きだったといわれている。

早朝稽古
仲間同士で剣術の稽古をして腕を磨いた。そのあとに市中の見回りに出かけた。

朝食
早朝稽古の前に朝食を摂った。麦飯に壬生菜の漬物、そしてみそ汁という質素なものだった。

囲碁
非番のときは自由にしてよく、囲碁や将棋を楽しんだ。また、色街で遊ぶことも許されていた。

月代剃り
前頭部から頭頂部は月代と呼ばれ、新選組のみならず、どの階級層の男も毎朝のように剃っていた。

攘夷派と佐幕派の作法 その十一
勝手に隊を抜けると切腹させられた

該当する思想 ▷ 佐幕

該当する人々 ▷ 武士

法度に背いたら即切腹！新選組の恐ろしい鉄の掟

　新選組結成にあたり、隊規に相当する局中法度が布告された。5カ条から成る法度のうち、注目すべきは冒頭1条に記された「士道」。武士としての道義、心構えといったことだろうが、これほど漠然とした言葉もない。食いつめ浪人など、素性に問題がある入隊者をふるいにかける意味では悪くないが、恣意的に解釈可能なので、いくらでも対象を広げることができてしまう。事実、多くの隊士が、この法度に背いた罪で切腹に追い込まれている。

　法度には細則もあり、戦いでうしろ傷を受けても切腹を命じられたという。うしろ傷は敵に背中を見せた証だからだ。ここまで来ると、起草者はかなりの強権主義者であることがうかがえる。それが誰かという点については諸説あるものの、その後の行動を見るに土方歳三が関わっていることは間違いないところだ。

　局中法度は、作家の子母沢寛が『新選組始末記』で取り上げたことから知られるようになったものだが、じつは同時代の史料には出てこない。隊士の永倉新八による『新選組顛末記』に最初の4カ条が紹介されているが、それも「禁令」としか述べられていない。どうやら最後の1条は子母沢の創作で、局中法度の名称も新選組の行軍録に残された軍中法度をヒントに脚色したものと考えられる。

　その軍中法度だが、禁門の変に際して布告された。組頭が死んだ場合、戦場に踏みとどまって自らも戦死するよう命じる条文もある。仮に逃げだそうものなら斬罪というのは、かなり過激だ。局中法度からさらにエスカレートした感があり、やはり起草にあたっては土方歳三の関与があったと推測される。副長としての理想があったのは分かるが、組織の統制のためとはいえ、いささか行きすぎの印象は拭えない。

二章　攘夷派と佐幕派の作法

局中法度

組織に尽くすことを強要

新選組には軍中法度と呼ばれる独自の掟があった。背くと切腹しなければならない厳しいものであった。

士道に背くこと
元は農民であっても新選組として登用されれば誰もが武士の身分。武士の品位を貶める行動を禁じた。

局を脱すること
無断で隊を脱退することを禁じた。ただ、上役の者に進言さえすれば除隊ということで脱退を許された。

勝手に金策をすること
お金に対して厳しい掟を課した。川島勝司という隊士は金策をしたことがバレて、仲間に粛清された。

勝手に訴訟を取り扱うこと
部隊に内緒で裁判沙汰を起こさない。もしくは誰かの裁判沙汰に首を突っ込むことを禁じた。

私闘をすること
仲間内で揉め事があると和が乱れてしまう。組織を安全かつ継続的に運営するため私闘を禁じた。

軍中法度 ①

戦場における新選組の鉄の掟

武士道を重んじた新選組。局中法度よりも細やかな掟が軍中法度である。この法により組織を統制しようとした。

上官の命令に従うこと
上官による指揮系統が統制できなければ、多くの死者が出るかもしれない。そのため、上官の命令は絶対であった。

妖怪の話をしないこと
怖い話は士気が下がってしまう可能性があるのでNG。また、怖くなくても不思議な話をすることも禁止された。

美味しいものを食べないこと
豪華な食事を摂ることは一切禁止。幕府のために尽くし、再び太平の世が訪れるまでは質素倹約に努めることを推奨された。

武具の手入れをすること
争いはいつ起こるかわからないので、刀や槍、鎧といった武具の手入れをつねにしておかねばならなかった。

二章　攘夷派と佐幕派の作法

軍中法度②

新選組は隊士を掟で縛りつけた

軍中法度は局中法度よりも掟が多く、なおかつ厳しかった。
給金目当ての入隊者は震え上がらせたという。

陣中での口論は禁止
ともに戦う仲間内で争えば、戦況が変わるかもしれない。そのため喧嘩はもちろん、口論さえも禁止された。

略奪行為の禁止
戦に勝ったとしても、略奪行為をするのはもってのほか。隊士として品行方正に努めることを求められた。

組頭が死んだら己も死ぬこと
上官である組頭の死は、自分の死と同列。つまり、上官が死んでしまった場合は自分も命を絶たなければならなかった。

脱退者は京都や大坂に立ち入ることを禁止
脱退する場合は、京都や大坂には二度と入ってはならない。その覚悟がなければ脱退するなという意味だった。

攘夷派と
佐幕派の作法
その十二

仲間を粛清するときは飲み会後が多かった

該当する思想 ▷ 佐幕

該当する人々 ▷ 武士

確実に仕留めるにはたらふく飲ませてから襲え

　新選組の代名詞ともいえる粛清。特に戊辰戦争に至る幕末最後の数年間は、取り締まりの最中に切り捨てた攘夷派志士の数より、粛清した身内の数のほうが遙かに多かったという。鬼の副長といわれ、局中法度を起草したとされる土方歳三は商家の出身。武士への憧れも強く、それが士道への極端なこだわりとして表出したのが、一連の粛清だったのかもしれない。

　思えば新選組の歴史は、旗揚げの直後から粛清とともにあった。浪士組の残留部隊となった壬生浪士組の中で、とりまとめ役を任されていた殿内義雄が四条大橋で闇討ちされる。犯行は近藤と沖田の手によるものであった。これがのちに新選組となる近藤一派にとって、最初の粛清となる。

　ところで実行の直前、殿内は近藤勇らに酒を飲まされ酩酊状態にあった。優れた剣の使い手だった殿内を仕留めるため、確実を期したのだろうが、酔わせて斬殺というのはじつはこのときだけではない。2派閥体制で旗揚げした新選組の一方のリーダー、芹沢鴨とその一派を粛清したときも、宴会後の酩酊状態を襲っている。

　神道無念流の達人といわれた芹沢は、寝ているところを沖田に斬りかかられるが、最初の一撃を受けてなお反撃に転じたという。なるほど酔っていなければ、逆に沖田らが命を落としていたかもしれない。

　新選組から分かれて高台寺党を率いていた伊東甲子太郎を謀殺したときも、先に酔わせる作戦をとった。近藤が自分の妾宅に伊東を招き、さんざん盃を勧めて酩酊させてから、その帰途を複数人で襲ったのである。伊東も剣の達人だったとされるが、さすがにこれだけたび重なると、新選組のイメージが崩れてしまう。強敵と斬り合う美学が許されない時代でもあったのだろう。

二章　攘夷派と佐幕派の作法

粛清

お酒を飲ませて殺すのが新選組の定石

名うての剣術家が数多く集まった新選組。粛清の際は、念には念を入れて泥酔させたのちに実行に移した。

粛清の基本

宴会などで泥酔させ、騒ぎ疲れて寝ているときや、宴会後の帰り道に襲うことが多かった。

粛清の道具は日本刀が使われた。数人で取り囲んだのち切腹させることもあった。

新人教育

裏切り者を粛清するときは、20〜25歳の新人に暗殺させることが多かった。そうすることで隊の規律を知らしめて教育させたという。

芹沢鴨 暗殺事件

芹沢鴨
（1832年〜1863年）

尊皇攘夷の思想が強い水戸の天狗党の一員として活動していたが、強引な資金調達活動により捕縛される。出獄後、近藤勇らとともに新選組を創設し初代筆頭局長となるが、芹沢は普段から揉め事が多かったため、新選組の近藤派が暗殺を計画。島原で宴を開き、屯所に戻った後も酒を飲み直して芹沢を泥酔させて眠らせた。大雨の深夜、土方歳三を中心とした新選組が部屋に飛び込み、飛び起きて逃げる芹沢を斬りつけて暗殺した。

75

攘夷派と佐幕派の作法 その十三

"おまわりさん"の起源は新徴組だった

該当する思想 ▷ 佐幕

該当する人々 ▷ 武士

戊辰戦争のきっかけをつくった江戸のおまわりさん

上洛が決まった14代将軍・徳川家茂の警護のために結成された浪士組だが、発案者の清河八郎の本音は尊皇攘夷にあった。上洛後に清河の本音を知らされた近藤勇らは袂を分かち、壬生浪士組（のちの新選組）として活動をはじめる。その数24名。人数の上では残留組のほうが遥かに多かったものの、清河が暗殺されたことで組織は破綻してしまう。そこで幕府は残った浪士組に新たに新徴組の名を与え、庄内藩の管轄下で置くこととした。江戸の治安維持が、その主たる任務である。

新徴組にも、新選組と同じように隊規がある。文久3年（1863年）、隊の発足後に定められたものだ。とはいえ、鉄の掟にたとえられる新選組の局中法度のような、殺伐とした冷たいイメージはない。門限や外出時の制限、日常生活に関する諸注意など、むしろ学生寮の寮則といっても通用しそうな内容だ。守衛を行うときには火の元に注意であるとか、奢侈や遊興は厳禁であるとか、一人前の武士にする注意ではないような気もする。

慶応元年（1865年）、諸藩で分担していた江戸市中取締りが、幕府の命で庄内藩へ一元化される。現・千代田区九段北の冬青木坂下に組屋敷を構え、江戸市中の見廻りを開始した新徴組は、昼夜を分かたぬ精勤ぶりが市民の信頼を勝ち得、「おまわりさん」と呼ばれて親しまれるようになった。ちなみに、その呼称の起源はここからだとされている。出自が同じでも、京都で壬生狼と恐れられた新選組とは、真逆である。

とはいえ動乱期の江戸の治安を任された以上、血なまぐさい闘争と無縁ではいられない。戊辰戦争のきっかけとなった薩摩藩邸焼き討ち事件の主役となった新徴組は、その降伏まで庄内藩について転戦。維新後は庄内地方の開拓事業に尽力した。

二章　攘夷派と佐幕派の作法

新徴組

東京の治安警護をしていた新徴組

新選組が京で名を馳せている頃、東京の治安維持を担当していたのが新徴組。江戸町民の評判もよかった。

巡察
巡察は昼廻りと夜廻りの2回。新宿、板橋、千住、品川など江戸を大きく回るルートだった。

藩邸の接収
仕事のひとつとして、敗走した藩の藩邸の取り上げがあった。

訓練
見回りや警護といった仕事のほかに、日常的に剣術や槍術などの訓練を行っていた。

77

攘夷派と
佐幕派の作法
その十四

京都見廻組は武家出身のエリート揃い

該当する思想 ▷ 佐幕

該当する人々 ▷ 武士

龍馬暗殺を実行した京都の治安維持組織

文久3年（1863年）の8月18日の政変によって、尊皇攘夷派の公家と長州勢力は都を追われた。しかし攘夷の火種はくすぶり続け、不逞浪士の暗躍も止むことはなかった。そこで幕府は、京都の治安維持を目的とした警察組織を発足させる。京都見廻組（見廻組）である。京都守護職配下の正規部隊であり、非正規部隊の新選組とはライバル関係にあった。

清河八郎暗殺の実行者である佐々木只三郎も、見廻組に参加したひとりだ。会津に伝わる神道精武流の剣客で、小太刀をとっては日本一といわれていた。坂本龍馬暗殺の実行犯は見廻組というのが現在もっとも有力な説だが、佐々木も指揮官の立場として暗殺に参加したとされている。

発足当初は総員400名を目標に、譜代の御家人による編成を目指していた。しかし人員確保は難航し、結成2カ月でようやく300名を集めた程度。しかたなく新選組からの編入も俎上にのぼるが、会津藩に拒否されてしまう。

活動後期になると、やはり新選組や新徴組のように隊規が布告されている。一読するに、抽象的な文言が多く、特定の隊の隊規というより武士一般の心構えといった印象だ。こうして見ると、やはり新選組の法度からは異例ともいえる厳しさを感じる。

禁門の変での活躍などもあり、隊士の増えた見廻組に組屋敷が与えられた。場所は二条城に近い、中立売通りの北。敷地内に文武場も建てられた。隊士の多くは組屋敷に集まって暮らしていたと想像される。御家人の次男・三男が多かったようで、幕臣として俸給は得ていたにしても生活は楽でなかったはず。庭で野菜を育てることは、当時の組屋敷にはよくあることなので、中には生活の足しに野菜を育てる者もあったことだろう。

二章　攘夷派と佐幕派の作法

京都見廻組①

武士によって構成された武装警察

京都の治安維持活動を行っていた京都見廻組。幕府直属の組織だったため直轄地の警護が多かった。

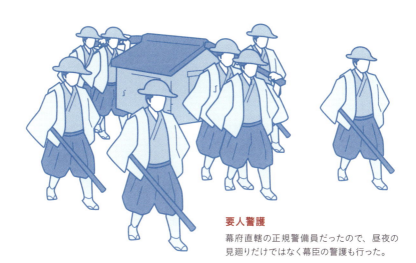

要人警護
幕府直轄の正規警備員だったので、昼夜の見廻りだけではなく幕臣の警護も行った。

屋敷警護
見廻組の結成時は長州藩による暴動が去り、警備体制が縮小されていたため、警備の空白地帯が発生してしまった。そのため見廻組はそうした御所や公卿門などの警護を行った。

入隊条件
京都見廻組の隊員は、士分のみが入隊可能で農民や町人は入ることができなかった。また、入隊する条件として、剣術の腕前を問われたという。

京都見廻組②

京都に建てられた組屋敷で集団生活

見廻組は組屋敷と呼ばれる幕府の直轄地で生活を送っていた。また、年代によっては寺社を屯所にしていたという。

組屋敷
はじめは民家などに分宿していたが、二条城や京都所司代邸の周辺に屯所となる組屋敷が幕府から用意された。

風呂
組屋敷内は家族で住める部屋もあったが、個別の風呂はなく、交代制で入浴した。

自給自足
畑仕事も生活を維持するための大切な仕事だった。家の裏手に畑が作られ、自給自足の生活を送っていた。

二章 攘夷派と佐幕派の作法

京都見廻組③

見廻組と新選組はよきライバル

京都見廻組は武家出身者に限られていた。そのため雑多な人間が多く集まった新選組よりも、勤勉で質素であった。

食事
米飯が中心の質素倹約な食生活をしていた。副菜は野菜の煮つけが多かったという。

学問
京都見廻組の組屋敷には学問所が併設。教授や助教授による指導も行われていた。

京都見廻組と新選組
京都見廻組と新選組の巡回地域が一部重なっていたエリアがあり、顔を合わせることがあった。特に争いは起きなかったが、新選組のほうが巡回活動の先輩格で、一方の見廻組は幕府直轄の組織。お互いライバルとして尊重し合っていたという。

Column

入隊資格が厳しかった見廻組と誰でも入隊できた新選組

京都見廻組に入ることができるのは、旗本より下の御家人にあたる「普請役」に相当する者で、その中でも「御譜代場」という身分の高い者でなければならなかった。一方新選組はもともと尊皇攘夷の浪士の集まりだったため、その志を持つ者であれば誰でも入隊できたという。そのため問題を起こす者が多く、厳しい規律で統一する必要があった。

幕府が再び設立した「奥詰」は武闘派集団だった

攘夷派と佐幕派の作法 その十五

該当する思想 ▷ 佐幕　攘夷　倒幕　開国

該当する人々 ▷ 武士　農民

攘夷派への対抗措置として幕府が編成したエリート部隊

　泰平の世に慣れた幕臣にとって、武芸は武士の教養とはいえ、さすがに実戦と結びつけて捉えるものは少なくなっていた。しかし、世に動乱の気配が漂いはじめると、そうもいってはいられない。安政3年（1856年）、激しさを増す攘夷運動に対抗するため、幕府は講武所を設置する。幕臣を対象とした武芸訓練機関で、幕末の剣聖と称された男谷信友の進言によるものだ。さらに5年後、講武所に通う中から剣術と槍術に優れた58名が選抜され、将軍警護のための奥詰が設置された。

　奥詰というと、元禄時代に設置されていた同名の職種がある。将軍の諮問に応じるのが仕事で、世情に明るく知識も豊富な大名がその任に就いた。一方、同じ名前でも幕末に設置された奥詰は、言うなれば親衛隊に近いもの。こちらは身分の低い者が選ばれ、毎日4、5名体制で殿中に詰めていた。

　慶応2年（1866年）に設けられた遊撃隊は、この奥詰に講武所の師範や銃撃隊を加えて再編したものである。頭取7名、頭取並12名に一般隊員を合わせて366名からなる遊撃隊は、武に関しては幕臣中のエリートを集めた精鋭部隊。頭取の中には勝海舟、山岡鉄舟と並んで幕末三舟のひとりに数えあげられる槍術家の高橋泥舟、明治期に天覧兜割りを行った最後の剣客・榊原鍵吉の名も見える。

　泥舟は鳥羽伏見の戦いに敗れた徳川慶喜に恭順を説き、江戸開城後には謹慎のため水戸に下る慶喜の護衛についた。榊原はすぐに職を辞したが、上野戦争に際しては皇族の輪王寺宮の脱出を命がけで手伝っている。

　遊撃隊のうち徹底抗戦派は、彰義隊に参加する者たちと、榎本艦隊と江戸脱出をはかる者たちに分かれた。いずれの道を選んだとしても、その多くは徳川家の運命を共にすることになる。

二章 攘夷派と佐幕派の作法

奥詰

奥詰からさらにエリートが加わった遊撃隊へ

14代将軍の徳川家茂（いえもち）の身辺警護をしていた奥詰。その後、改編され遊撃隊となり、新政府軍との戦いを繰り返した。

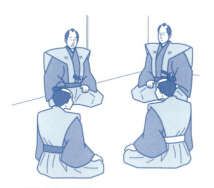

江戸時代の奥詰
知識や世情に詳しい大名たちが選ばれた。将軍と対面する部屋の近くに集まり、将軍からの質問に答えた。

幕末の奥詰
将軍のいる身辺を警護する親衛隊。毎日4、5人が殿中に詰め、将軍が上洛したときは道中警護にあたった。

遊撃隊
奥詰はのちに改編され遊撃隊となった。総員366名を数えた幕臣たちのエリート集団で、軍事部隊として不正規の戦闘やゲリラ戦で活躍した。

Column

左腕を失っても戦い続けた志士・伊庭八郎（いばはちろう）

幕臣・伊庭軍兵衛（ぐんべえ）の長男として生まれた伊庭八郎は、「伊庭の麒麟児」と呼ばれるほどの剣客として有名だった。奥詰となり、改編されて遊撃隊の一員になったあと第二軍隊長として活躍。新政府軍との戦いで、腰を撃たれ左腕を斬られるが、残った右手一本で斬りつけた相手を殺して戦い続けたという。そうした姿は新政府軍に「真に豪勇、片腕にても一騎当千」といわしめた。

攘夷派と佐幕派の作法 その十六

人手不足だった会津藩は少年も戦いに参加した

該当する思想 ▷ 佐幕

該当する人々 ▷ 武士

武士の美学に殉じた少年たち 戊辰戦争最大の悲劇

　慶応4年（1868年）3月11日、江戸が無血開城される。徳川慶喜の水戸謹慎も決まり、薩摩をはじめとする新政府軍は次なる拳の下ろし先を会津の松平容保に定めた。容保こそは京都守護職として新徴組や新選組を率い、尊攘派を弾圧した仇敵。ここぞとばかりに新政府は会津追討令を発するが、東北諸藩はこれに応じず、奥羽越列藩同盟を結んで新政府に対抗する姿勢を見せた。もともと容保自身は恭順の意向を示しており、同盟の目的も容保赦免を主眼としていた。しかし、藩内で主戦論が主流となった会津藩は謝罪を拒否。戦争は避けられぬ流れとなった。

　槍隊を中心に編成された会津藩は、鳥羽・伏見の戦いで西洋式の戦術・装備を取り入れた新政府軍に大敗を喫する。そこで洋式装備への転換と、併せて軍隊の再編成を行った。このときの兵制改革で誕生したのが、中国の神話に出てくる四神の名にちなんだ白虎・朱雀・青龍・玄武の4隊である。

　白虎隊は16～17歳、朱雀隊は18～35歳、青龍隊は36～49歳、玄武隊は50歳以上と年齢ごとに所属が決められていた。また、各隊は身分ごとに士中、寄合、足軽に分かれていた。年少の白虎隊は城下防衛が本来の任務であったが、順次、前線へと投入されていく。その中で2隊に分けられた白虎隊士のうち、二番隊の一部が飯盛山へ敗走。20名の若年兵が自刃を決行し、うち19名が命を落とすこととなった。徳川家への絶対忠義が、藩祖・保科正之以来の会津の藩風。その中で武士としての生き方を叩き込まれてきた少年たちは、降伏や捕縛によって生き恥をさらすことをよしとしなかったのである。

　大人たちの教えを忠実に守ったがゆえに、最悪の悲劇が起こってしまった白虎隊。これもひとつの幕末の作法だが、何とも居たたまれない話である。

二章　攘夷派と佐幕派の作法

白虎隊

藩学校で武士道を学んだ白虎隊

壮絶な最後を遂げた白虎隊。彼らが自刃を決行したのは、藩学校による徹底した武士の人材育成が背景にあった。

藩校に通う子ども

日新館

会津藩の男子は10歳になると日新館という藩校に入学した。生徒は1000～1300人ほどで、朝8時から授業がはじまった。授業は論語、大学などの四書五経など中国の古典の素読や、弓術・砲術・刀術などの兵術を学んだ。低学年は日新館の心得を学び、武士としての正しい生き方を教えられたのが特徴的。

白虎隊の子どもたち　将軍

軍隊の編成

白虎隊は日新館で学んだ16～17歳の少年たちで編成され、結成時は総員850人いた。上士（士中）・中士（寄合）・下士（足軽）の武士階級で分かれた。

自刃する白虎隊

前線に投入された士中二番隊は撃破され、飯盛山（いいもりやま）に撤退。20名の隊員が自刃し、19名が絶命した。

column ②

新選組副長の土方歳三は
ほぼ手を下していない

多くの志士を斬り捨てたかと思いきや……

京都の治安維持組織である新選組。史上最強の剣客集団ともいわれ、その副長として隊を取りまとめていたのが土方歳三である。攘夷派志士を襲撃した池田屋事件など、多くの事件に直接関わっていた彼は、天然理心流の剣術者として確かな腕前を持っていたとされる。ただ、そんな土方が実際に斬ったのは何人なのかというと、新選組の上司であった芹沢鴨ただひとり。しかも、酒を飲ませて酩酊状態のところを斬り捨てているので、武士道精神とは真逆の卑怯な殺し方であった。とはいえ、あくまで土方は部下に指令を出す指揮官というポジション。自ら手を下す必要はないので、斬った人数が極端に少ないのもうなずける。

三章

武器の作法

武士が扱う武器といえば、刀や槍、弓などが定番だった。しかし、幕末に入ると鎖国政策が解かれたため洋式の武具が数多く流入し、それまでとは状況が一変した。本章では輸入された刀や銃、防具や小物に至るまで、さまざまな幕末の武具を紹介する。

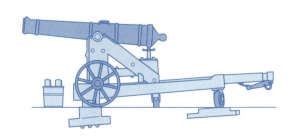

武器の作法 その一
軍制改革は保守層の反対で進まなかった

該当する思想 ▷ 佐幕

該当する人々 ▷ 武士

保守派の存在が軍制の改革を妨げていた

　天保12年（1841年）、長崎に設けられた貿易機関・長崎会所の最高責任者である高島秋帆が武蔵国徳丸ヶ原で日本初となる洋式砲術と洋式銃陣の公開演習を行った。これに刺激を受けた幕府は軍制・軍装の改革を開始する。

　幕府は秋帆を砲術の専門家として重用し、軍の近代化を推し進めようとするが、古い考えにとらわれる保守派の抵抗もあり、思うように進まずにいた。そんな最中、アメリカのペリー提督が嘉永6年（1853年）、浦賀沖に来航。全国で外国人排斥を唱える攘夷論が高まり、社会情勢が大きく変わろうとしていたタイミングと重なったのである。日本に押し寄せる維新の波に対処するべく、幕府は安政元年（1854年）、江戸築地に講武所を設立。下級旗本を集め、軍事訓練を開始した。

　この頃の幕府軍の軍装は、筒袖に裁付袴といった日本的な衣装だったようだが、軍制が急速に変化した時期だったこともあり、不明な点が多い。

　慶応2年（1866年）、幕府は倒幕を目論む長州藩に征長戦争で敗れたことから、今まで幕府軍が取り入れていたオランダの軍制より進んだフランスの軍制の導入を画策。翌年、フランスから軍事教導団を招き、30人の伝習隊に教育を開始した。その際、制服をフランス陸軍の士官でもある軍事教導団のブリュネ大尉の案を元にデザインしたものに変えたため、幕府軍の軍装は大きく変わった。併せて、武器や装具もフランスから輸入したものに変更。ただ、軍刀の吊り方はフランス的な切っ先がうしろに向いたものではなく、切っ先が前に向いた日本的な吊り方であった。

　また、幕末から明治にかけては各国の小銃の開発期で、日本にもさまざまな新形式の銃が入ってきており、幕府軍が所持した小銃も一種類ではなかった。

三章　武器の作法

軍装の変遷

敗北が近代化を推し進めた

近代化をうまく進められずにいた幕府軍の軍装は、基本的に日本的だった。しかし、長州征討の敗北を機に変わる。

銃隊士の軍装
天保12年（1841年）

高島秋帆が武蔵国徳丸ヶ原で公開演習をした時の私兵の軍装。秋帆が考案した円錐型のトンキョ笠が特徴である。

- トンキョ帽
- 股引

指揮官の軍装
嘉永6年（1853年）

幕臣・江川坦庵の定めた軍装で、秋帆の私兵よりもやや日本的な衣装となっている。被っているのは韮山笠（のちの講武所頭巾）。

- 韮山笠
- 指揮杖

鉄砲隊士の軍装
安政3年（1856年）

幕府軍の近代化のために作られた講武所開設時の軍装で、頭全体を覆う韮山頭巾を着用。夏と冬では色が変わる。

- 韮山頭巾

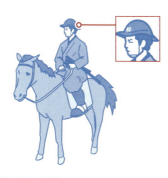

騎兵組兵士の軍装
慶応2年（1866年）

騎兵組の兵士は、五百石以上の直参旗本の中でも馬を飼う資力があるものがなった。被った陣笠の正面に、金色で騎兵組の「騎」の字が描かれている。

歩兵の軍装
慶応3年（1867年）

征長戦争の敗北を機にフランスの軍制を大いに取り入れた結果、フランス式の装備を身につけた幕府軍が生まれた。小銃もフランスから輸入されたものである。

- ランドセル
- 兜頭巾
- 歩兵刀
- ズボン

89

歩兵の装具

銃は歩兵の重要な武器

幕末の戦争では、歩兵も刀のほかに銃を装備しており、重要な武器のひとつだったようである。

軽騎兵
文化11年(1814年)頃の装備。銃剣吊りが一緒になった刀帯を身につけていた。

ソケット式銃剣
銃剣を鞘に差し込み、半回転させて柄の部分にあるハングを回して銃口を閉めた。

銃剣吊りが一緒になった刀帯
サーベルではなく、日本刀が差されていた。

剣止め
ベルトに金属薬莢の弾薬盒がついていた。

幕府警備兵
弾薬盒が一緒になった銃剣吊りを身につけていた。構えた歩兵銃の銃身の横に銃剣がついているが、これは初期のタイプのもの。

雷管入れ
雷管とは起爆に用いる火薬が入った金属管。

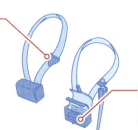

弾薬盒と銃剣吊り
弾薬盒の側面についているのは、銃の雷管をはめる火門座入れ。火門座は消耗しやすいため、予備を入れていた。

火門座入れ
火門座とは点火薬を装置する部分。旧式の銃に必要だった。

三章　武器の作法

騎兵の装具

馬上で扱いやすいように考えられた装具

騎兵隊の装具は、馬上で銃が扱いやすい工夫が施されていr るなど、馬上での戦闘に特化したものだった。

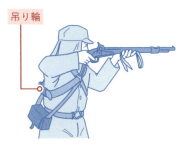

騎兵
吊り輪のフックに細い革紐をつけ、ゆとりをもたせた状態で騎兵銃の連結環とつなぎ、そのまま持ち上げて射撃していた。

サーベルと銃剣吊り具が一緒になった刀帯
銃剣吊り具にサーベルを吊るす形になっている刀帯。日本刀を差すこともあった。

騎兵銃吊り輪
騎兵銃を吊るすことができる吊り輪。騎兵用の胴乱もボタンで止め、つけることができた。

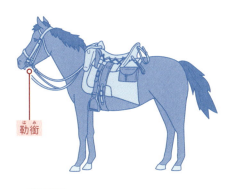

騎兵装具
フランス軍が使っていた騎兵用装具。銃や弾薬、サーベル、重量のある馬具を着けた馬を制御するため、勒銜がつけられている。

武器の作法 その二
幕府側の軍装は藩ごとにばらばらだった

| 該当する思想 | ▶ | 佐幕 | | | | |

| 該当する人々 | ▶ | 武士 | | | | |

最後まで幕府側として戦い散っていった会津藩の軍装

幕府の軍勢は幕府軍と幕府側につく各藩兵からなっていた。

幕府側についた藩として有名なのが、会津藩である。会津藩は幕府軍に最後まで忠節を尽くした藩で、慶応4年（1868年）の居城・会津若松城の戦いでは、老人から少年、婦女までが兵として加わり、新政府軍と凄惨な戦いを展開した。中でも少年兵のみで編成された会津藩の白虎隊が、焼け落ちる会津若松城に臨みながら飯盛山で全員自決（1名生存）した逸話は有名である。

会津藩兵の軍装は、和装の者、筒袖・段袋といった和装洋式の者、洋装の者が不統一に混在していた。また、敵味方を識別しやすくするため、赤丸の星形に「會」の文字を入れた肩印をつけて、目印とした。

また、慶応4年（1868年）の鳥羽・伏見の戦いで新政府軍と戦った藩主・戸田氏共の率いる大垣藩は、藩として軍制の改革を行い、鉄砲をはじめとする装備の近代化を図っており、会津藩と比べて、軍装はより洋式化していた。

そのほか、幕府軍の一翼を担った藩主・松平定敬率いる桑名藩では、慶応2年（1866年）頃に日本式の小銃・和筒から洋式銃への転換が進められるものの、部隊そのものの洋式化はその翌年と遅く、軍装もそこまで洋式化はされていなかった。

また、家老の河合継之助がフランス兵制を採用した長岡藩は、黒の細袴の洋装に近い軍装をしていた。はじめは肩章に「五間梯子」の旗印を使っていたが、のちにそれを左襟に縫い込んでいる。

幕府側についた軍勢には、庄内藩酒井家の預かりである江戸治安維持のための警察隊・新徴組や、京都の幕府検察隊・見廻組、高名な京都守護職指揮下の警察隊・新選組などがあったが、軍装は均一ではなかった。

三章　武器の作法

幕府側の各藩兵の軍装①

会津藩士の階級は一目でわかった

会津藩の藩士は上士、中士、下士に分かれており、上士と中士は羽織の紐の色、下士は襟の色を見れば、階級がわかった。

藩兵の軍装

会津若松城で戦った藩兵の軍装。会津藩主・松平容保が自ら手で裂いて兵士たちに与えた黄色い布の識別章を腕につけている。

銃隊長の軍装

発砲の指令を出す銃隊長の軍装。頭に被った笠に描かれている印は、この銃隊長の家の家紋である。

小隊長の軍装

御貸槍を持った小隊長の軍装。笠に入った線は、各自の印と思われる。腕につけているのは、会津藩の肩印。

上士・中士の軍装

会津藩士の中でも上位となる上士の軍装。上士と中士は羽織の紐の色が黒だと上位、紺だと中位、青だと下位の階級となった。

下士の軍装

銃を持った下士の軍装。羽織の襟が黒となり、下士の中でも上位の階級となる。ちなみに、茶色が中位、淡黄色が下位というふうに分けられる。

旗手の軍装

「會」の文字が書かれた旗を持った旗手の軍装。脇が切れた袴式ズボンを履いている。白虎隊もこのような軍装の者が多かった。

幕府側の各藩兵の軍装②

幕府側の藩兵は各々の家紋を旗印にしていた

藩兵たちは幕府側に与する兵士だが、徳川家の葵の御紋ではなく、各藩の家紋を旗印に掲げていた。

大垣藩

銃隊士の軍装
藩の軍制改革の成果もあり、洋式化された軍装。頭にトンキョ笠を被っている。

トンキョ笠

甲冑

藩上士の軍装
藩士の中でも上位にあたる上士の軍装。全身に昔ながらの甲冑をまとっている。

旗手の軍装
洋式の軍装を身にまとっている。手に持つ旗の旗印は、大垣戸田家の家紋である「九曜」。

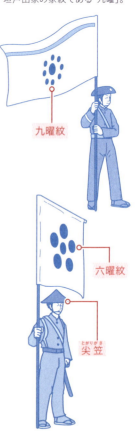

九曜紋

六曜紋

尖笠

桑名藩

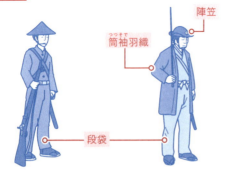

陣笠

筒袖羽織

段袋

銃隊士の軍装
小銃を手に持っている。洋式化されており、慶応3年(1867年)以降の軍装と思われる。

士官の軍装
士官だけあって、筒袖羽織をまとっている。笠に描かれているのは士官の家の家紋。

旗手の軍装
洋式化された軍装をまとっている。手にしている旗の旗印は、久松松平家の家紋である「六曜」。

三章　武器の作法

幕府側の各藩兵の軍装③

洋式軍装よりもやっぱり和服がちょうどいい？

西洋式兵学の導入にともなって西洋軍装が一般化。しかし、従来の和服を捨てずに着ていた藩や隊も多くいた。

長岡藩

- 大型の肩章
- 野袴（のばかま）

藩兵の軍装
かなり早い時期から洋式兵学の研究が進んでいた藩だけあり、洋式に近い軍装。藩旗である「五間梯子（ごけんばしご）」の肩章をつけている。

京都見廻組

- 頭盔頭巾（とっぱいずきん）

隊士の軍装
剣術を中心とした組織である見廻組の各隊士の出で立ちはバラバラだったらしいが、この絵の隊士は日本風の軍装である。

新徴組

- 識別章

隊士の軍装
銃を持っている。庄内藩の傘下に入った新徴組の軍装。襟の部分に識別章があった。

新選組

隊士の軍装
鉢金（はちがね）を縫いつけた鉢巻が特徴の新選組の軍装。手に持っている「誠」の隊旗（ばっき）は、戊辰戦争の会津戦争時のものである。

> **Column**
>
> **新選組の「誠」の旗には深い意味があった**
>
> 新選組の旗の「誠」の字には、尽忠報国の誠を果たす、つまり忠節を尽くし、幕府から受けた恩に報いるという意味がある。

武器の作法 その三
幕府よりも薩長の軍制改革のほうが進んでいた

該当する思想 ▷ 佐幕 攘夷 倒幕 開国 公武合体

該当する人々 ▷ 武士 農民

薩長は戊辰戦争では和製洋式の軍装をしていた

慶応3年（1867年）、江戸幕府の15代将軍・徳川慶喜が天皇に政権を返上する大政奉還を行った。しかし、大政奉還後に将軍側が想定していた諸侯の会同が実現しない間に、薩摩藩を中核とする倒幕派によるクーデターが勃発。翌年、幕府軍とその征討の大将に任じられた仁和寺宮嘉彰親王率いる朝廷軍・倒幕派の各藩が激突する鳥羽・伏見の戦いに発展する。

倒幕の中心となった薩摩藩と長州藩は、保守派の抵抗もあり思うように軍制改革の進まなかった幕府軍に対して、薩摩藩は文久3年（1863年）の薩英戦争で、長州藩は翌年の下関戦争で外国軍に敗れ、その教訓から軍の急速な近代化を進めていた。

慶応2年（1866年）に英式の兵制を導入した薩摩藩は、藩兵全体に前装施条銃を持たせ、装備の統一を図っている。軍装を見ると、慶応4年（1868年）よりはじまった戊辰戦争の前半では、上は筒袖、段袋に征伐羽織といった和製洋式だったが、戊辰戦争後半になると、マンテルにズボンといった完全な洋装に変わったようだ。ただ、統一された軍服というものは存在せず、外国から取り寄せた中古の軍服や民間のフロックコートなどが混在していたという。藩兵たちは左腕に巻いた白布や官軍の袖印である「錦布れ」などで、所属を示していた。

また、薩摩藩の軍装の中で特に特徴的なのが、眉庇のついた円錐形の尖笠・半首笠である。

長州藩は慶応期の軍制改革で、藩士の村田蔵六（大村益次郎）の指揮の下、軍備と組織を近代化。戊辰戦争期の長州藩の軍装は、和製洋式にほぼ統一されており、兵士は頭に韮山笠、黒木綿の詰め襟にズボンという服装だった。袖印は、長州藩主である毛利家の家紋「一文字三つ星」である。

三章　武器の作法

朝廷・薩摩・長州の軍装

幕末の戦争でただひとり、鎧と兜を着用

朝廷軍の大将となった仁和寺宮嘉彰親王は、幕末の戦争でただひとり、古式の鎧をつけていた。

朝廷

野袴／脛巾

赤地錦の直垂

朝廷兵の軍装
鳥羽・伏見の戦いの頃の朝廷兵の軍装。まだ洋式化はされておらず、日本的な野袴と脛巾を身につけていた。

仁和寺宮嘉彰親王の軍装
昔ながらの鎧と、木賊に日輪の前立のついた兜を身につけている。鎧の下に着ているのは、赤地錦の直垂。

長州藩

ハゲマ

薩摩藩と同じ章隊旗

薩摩藩

半首

隊長の軍装
各藩の隊長クラスの人間はヤクの毛で作ったハゲマという被り物を被っていた。

小隊司令士の軍装
小隊旗を持っている。頭には韮山笠を着用。長州藩の兵士が統一して被っていた。

西郷隆盛の軍装
薩摩藩の重臣である西郷隆盛の軍装。特徴的な半首笠を被っていた。

藩兵の軍装
半首を被っているのが特徴的。ズボンの上に兵児帯を締め、刀の大小を差す者が多かった。

武器の作法 その四
近代的軍装を最初に取り入れたのは御親兵だった

西郷隆盛が発足させた近代日本最初の国軍・御親兵

　明治3年(1870年)、元長州藩士で明治新政府の政治家・山縣有朋は、鹿児島藩(旧薩摩藩)の政務にあたっていた西郷隆盛に対し、天皇の護衛を務める御親兵を組織することを提案。兵士は新政府の中核を成していた鹿児島藩、山口藩(旧長州藩)、高知藩(旧土佐藩)から集める予定だった。

　また、元長州藩士で新政府の政治家・木戸孝允も、御親兵の力を利用して、廃藩置県や租税制度の整備など、中央集権化政策を押し進めようとしていたが、元薩摩藩士の大久保利通はその政策に批判的だった。大久保ら反対勢力は、木戸ら急進派の抑止力として、同胞の西郷を選んだのである。

　翌4年(1871年)1月、西郷は東京へ向かい、新政府に物申す意見書を提出。しかし、途中で合流した大久保や木戸から意見を聞いたあとは、政争の深刻化を危惧して、新政府の官僚に鹿児島藩などの倒幕功労者を起用するべきという提言に留めた。

　同年2月、西郷は入京し、正式に御親兵が発足。各藩から徴収されたため、発足当時は軍装が統一されていなかったが、のちに定められ、日本で最初に近代的軍装を取り入れた。

　御親兵は名目上、兵部省の長官を務めていた有栖川宮熾仁親王を長としており、公称は1万人だったが、実際は8000人かそれ以下だったという。

　同年4月に太政官が将来、全国に鎮台(地方を守るために駐在する陸軍の軍団)を置くことを明らかにし、ドイツの軍制にならい鎮台兵を編成した。

　そして、同年7月、廃藩置県を断行。御親兵は名実ともに近代日本最初の国軍として機能することになった。

　明治5年(1872年)、徴兵制が発布されて軍服が制定され、御親兵も近衛兵と改称。なお、軍服は陸海軍で異なり、階級や時代でも暫時変わっていった。

三章　武器の作法

御親兵・鎮台兵の軍装

御親兵は陸軍の近衛兵の前身だった

近代的な軍装に身を包んだ御親兵は、のちに陸軍の近衛師団となり、天皇と皇居を警護した。

歩兵の軍装
明治3年（1870年）
幕府軍も使用していた小銃、エンフィールド銃を持っていた。勁兵なので、袖口が赤い。

騎兵の軍装
明治3年（1870年）
騎兵の少佐の軍装であり、腰から吊ったサーベルは海外から輸入したもの。

歩兵の軍装
明治4年（1871年）
少尉の正装であり、半マンテル（ジャケット）のボタンが9個ついていた。サーベルとスペンサー機銃を装備。

歩兵の軍装
明治5年（1872年）
伍長の正装。袴の色が濃紺になっていた。近衛は、明治24年（1891年）に師団制を取り、近衛師団となった。

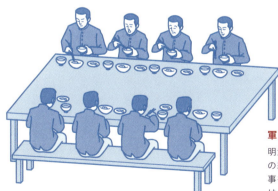

軍隊の食事風景
明治時代の兵士たちは、中隊の給養班ごとに席を並べ、食事をとっていたという。給養班は明治41年（1908年）以降、内務班と呼ばれた。

99

武器の作法 その五

どの藩に属する武士なのかは刀の見た目で判別できた

該当する思想 ▷ 佐幕　攘夷　倒幕　開国　公武合体

該当する人々 ▷ 武士

江戸時代、武士以外は2尺以上の刀を持てなかった

　江戸時代、2尺（約60.6cm）以上の刀は、武士だけが携帯できるものであり、その拵え（刀身を入れる鞘、握る部分を入れる柄と鍔の総称）は各藩で独自の意匠が用いられていた。拵えを見れば、その人がどこの家中の者か判別できたのである。刀は当初、銃を除けば戦場での主力の武器だったが、戦いが進み、武士の陣中装束が和製洋式に変わっていくにつれて刀の拵えのデザインも一新した。鞘の末端部が丸くなった突兵拵えなどが作られ、士官級の武士の間で流行するようになった。

　一方で、歩兵や農兵の間では、歩兵刀や農兵刀と称する大量生産の粗悪な脇差が流行。軍の装備も次第に変わっていった。

　また、銃器とともに日本に入ってきたサーベルの存在もある。サーベルは、19世紀にヨーロッパ各国が騎兵用刀剣として採用した湾曲型刀剣。日本には19世紀中頃にオランダ海軍が出島に来訪した際に持ち込まれたという。

　日本で初めてサーベルが式典に使われたのはペリー来航の時で、日本人で初めてサーベルを携帯したのは、黒羽藩主・大関増裕と伝えられる。

　そういった拵えや装備品の変化は、江戸の講武所や幕府陸軍の中ではじまり、次第に各藩へと伝播。拵えや装備品が変わることによって、帯刀の仕方も変わり、大刀を肩懸け式に吊り下げる刀吊りや、バンドへ落とし差しにするための革サックなどが使用されるようになった。

　また、銃に装着して使用する銃剣の存在も忘れてはならない。幕末の日本で初めて兵士に銃剣を装備させたのは、長崎の貿易機関・長崎会所の責任者である高島秋帆だった。秋帆は銃剣を用いた訓練を行い、これまでの日本にはなかった銃剣術を新しい武術として紹介したのである。

三章　武器の作法

幕末の刀事情①
刀とサーベルが混在した幕末の帯刀事情

刀のデザインや拵え方にもこだわった幕末の志士たち。こうした変化は講武所や幕府陸軍の軍制改革から始まった。

幕末の拵え

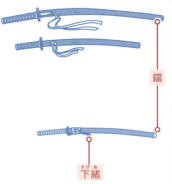

殿中差(でんちゅうざし)
大刀と小刀があり、大刀は鐺（刀の鞘の末端）を断ち切りに、小刀は鐺を丸くするのが義務だった。

鐺

講武所拵え
講武所で修業をする幕臣の臣下の間で流行った拵え。長大な刀と、剣術の優秀者に与えられた下緒を付けているのが特徴的。

下緒(さげお)

使い方
さまざまな使い方があるが両手で持ち、上段から振り下ろすのがスタンダードだった。

西洋式刀剣

M1852米国海軍士官用サーベル
1852年3月に米国で制定された海軍士官用のサーベル。ペリーが来航の際に携帯していたことで知られる。

15代将軍・徳川慶喜携帯のエペ
慶応2年(1866年)、フランス帝国の皇帝・ナポレオンⅢ世より寄贈された。エペとは、フェンシングに用いる刀の一種。

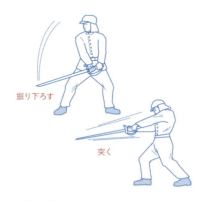

振り下ろす

突く

使い方
フェンシングのように突き立てることが多いが、片手や両手で振り下ろすこともあった。

101

幕末の刀事情②

銃剣は邪魔だった!?

幕末の頃は、白兵戦の最大の武器は日本刀という信仰が根強くあり、戊辰戦争ではあえて銃剣から剣を外して使った。

 銃槍　銃口の先に取りつける槍。剣身は三角錐で、弾込めの邪魔にならないよう、銃口の右横に取りつけられるようになっていた。

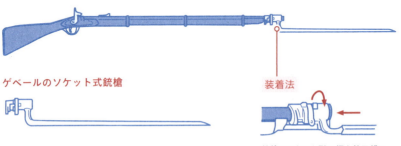

ゲベールのソケット式銃槍

装着法

銃槍のソケット形の柄を銃口部にはめ込んで捻り、ストルムリングを回して固定する。

銃剣　銃口の先に取りつけるサーベル。銃口部の右横に取りつけられる。弾込めの邪魔にならないような工夫が凝らされている。

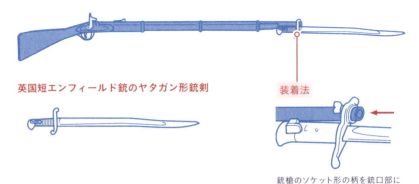

英国短エンフィールド銃のヤタガン形銃剣

装着法

銃槍のソケット形の柄を銃口部にはめ込んで捻り、ストルムリングを回して固定する。

三章　武器の作法

幕末の刀事情③

歩兵刀は１本で５両だった！？

歩兵刀は元足軽や農民だった兵士たちのお仕着せの装備で、業者に５両（約50万円）ほど払えば作ることができた。

突兵拵え

幕末、全国的に流行していた肥後風の拵えを基本に、若干洋風の雰囲気にまとめられた初期軍刀様式の拵え。鞘の末端部分の鐺が「身形鐺」となっているのが特徴的。

歩兵刀

銃卒に雇われた軽格の兵士たちが、請負の業者に作らせた大量生産の脇差。ものはあまりよくなかった。

身形鐺
先の尖った兜を突脇兜といい、その形に似ている鐺を身形鐺という。

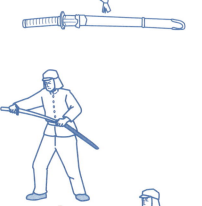

使い方
構えた姿勢から居合抜きで使われることがあった。もちろん、振り下ろすなど普通の刀のようにも使えた。

使い方
基本的には脇差のため、振り下ろしたり、横に払ったりして使う。粗悪品が多いため、刃こぼれしやすかった。

武器の作法 その六

コルト社の拳銃を広めたのはペリー提督だった！

| 該当する思想 | 佐幕 | 攘夷 | 倒幕 | 開国 | 公武合体 |

| 該当する人々 | 武士 |

桜田門外の変でも使われたコルト社のリボルバー

安政年間（1854～60年）、コルト社製の各種リボルバーが、アメリカの商社によって日本に持ち込まれた。それらは回転弾倉式と呼ばれる画期的な銃で、1発しか撃つことのできない単発や、銃身を多数取りつけて重くなってしまうペッパーボックス式の銃と比べて、安定性に優れた上に、コンパクトで使い勝手がよかった。

武士たちはコルト社のリボルバーを気に入り、装備品として入手。日本国内でもこの銃を真似たものが盛んに作られるようになった。

リボルバーを手にした者の中には、桜田門外で大老・井伊直弼を襲った水戸浪士たちもいる。彼らは協力者だった横浜の貿易商・中居屋重兵衛を通じて、コルトネービーリボルバーを入手。万延元年（1860年）の襲撃に際し、浪士のひとりである森五六郎が井伊の乗った駕籠を目がけて発砲したという。

その後も慶応年間（1865～68年）にスミス＆ウエッソン拳銃などがもたらされるまで、コルト社の拳銃は日本の市場を席巻していたが、その背景にはコルト社の創設者であるサミュエル・コルトの要請を受けたペリー提督が、日本との外交に際し、幕府や諸大名に500挺ものリボルバーを贈ったことが大きく影響している。

慶応4年（1868年）、戊辰戦争が勃発すると、各藩とも急激な武装化が必要とされ、海外からこぞって武器を入手。特にアメリカ製のスミス＆ウエッソン拳銃やフランスやベルギー製のル・フォショウ拳銃は、盛んに使用されたという。

また、フランスの内科医のジャン・アレクサンドル・ル・マット博士が開発したル・マット拳銃は、戊辰戦争のひとつである会津戦争で使用され、現在、福島県の飯盛山にある白虎隊博物館にその1挺が展示されている。

三章　武器の作法

拳銃の登場

コルト社は1度、倒産している!?

コルト社の銃は最初まったく売れず、会社も1度倒産。アメリカとメキシコの戦争を機に、何とか盛り返していた。

コルトM1851ネービー
サミュエル・コルトが発明した回転弾倉式の拳銃で、引き金の上に弾倉があり、6発の弾が装弾可能。

ル・マットリボルバー（セカンドモデル）
従来の拳銃は、拳銃弾用銃身と散弾用銃身に分かれていたが、この銃は一挺で、拳銃弾も散弾も撃つことができた。

スミス＆ウエッソン拳銃
射撃時には、一回ごとに撃鉄を上げてから引き金を引くというシングル・アクションの操作を行う必要がある銃。

ル・フォショウ拳銃（フランス軍用12mm）
ピン打式金属薬筒を用いたフランス製のリボルバーで、幕末の日本に相当数輸入されたものと見られ、現存数も多い。

Column

龍馬が愛用した拳銃

幕末の志士・坂本龍馬が愛用した銃は、スミス＆ウエッソン拳銃だったといわれている。龍馬はこの銃を長州藩の高杉晋作から譲り受けた。京都伏見の寺田屋事件の際、龍馬はこの銃で襲い来る幕吏に応戦したという。

手元から弾込めできる後装銃は画期的だった

武器の作法 その七

| 該当する思想 | 佐幕 | 攘夷 | 倒幕 | 開国 | |
| 該当する人々 | 武士 | 農民 | | |

すばやく弾込めができた当時最新鋭の後装銃

　天保年間(1830〜45年)、長崎会所の責任者である高島秋帆は、オランダからゲベールなどの前装銃を取り寄せ、幕府の役人の目の前で銃陣による機動的な近代戦法を紹介。幕末日本で西洋式軍用銃の導入を行った先駆者となった。

　球形鉛弾を発射するゲベールなどの銃は、当初、フリントという火打石を当金に打ちつけて発火させるフリントロック式が用いられていた。だが、安政年間(1854〜60年)に入ると、オランダより雷汞(起爆剤の一種)を詰めたものを点火口にある突起にはめて撃鉄を叩くパーカッションロック式のゲベール銃が入ってきて、幕末の日本の銃は一挙にパーカッションロック式に移行する。

　文久年間(1861〜64年)に入ると、ミニエー銃と呼ばれる底部拡張式尖頭弾を使用したパーカッションロック式の前装銃が普及し、イギリス・オランダ・アメリカなどの諸国で制式化された各種のミニエー銃が輸入されるように。その中でも主流を占めたのが、イギリスのエンフィールド銃であった。

　また、慶応年間(1865〜68年)に本格的に導入されたのが後装銃である。弾薬を手元から装填できる後装銃は、弾込めの迅速性に優れていたが、弾薬を装填するには、側方に開く莨嚢式、上方向に開く活罨式、後方に開く直動鎖門式、レバー操作による底碇式などの各種の形式の遊底を銃身のうしろに取りつける必要があった。

　当時、日本に輸入されていた後装銃は、シャープス騎銃やスペンサー騎銃、スナイドル銃、ウイルソン銃などさまざま。中でも連発式のスペンサー騎銃は、当時、最新鋭の銃として貴ばれたが、弾薬筒を国産で賄うことができず、その補給に苦労したといわれている。

三章　武器の作法

幕末の小銃

戊辰戦争や西南戦争で使用された銃

ミニエー銃の一種であるイギリスのエンフィールド銃は、幕末の日本に輸入され、長期にわたって愛用された銃だった。

雷管式ゲベール

「ゲベール」とは蘭語で銃を意味する言葉。国内でのコピー製造も行われ、文久年間(1861～64年)には国産で賄うまでになった。

エンフィールド銃 P1853ライフルマスケット

輸入されたこの銃の多くには機板に「TOWER」と刻印されており、日本では「鳥羽ミニエー」と呼ばれた。

シャープス騎銃

南北戦争期のアメリカで多用された後装単発騎銃。幕末の日本に輸入されたのは、主にパーカッションロック式のものだった。

Column

銀幕に愛された小銃

シャープス騎銃は、映画『アウトロー』でクリント・イーストウッドが使っていたのをはじめ、『許されざる者』ではオードリー・ヘプバーンが使用。邦画では『隠し剣 鬼の爪』に時代の変わり目を予感させる武器として登場する。

スペンサー騎銃

アメリカで製造された後装連発銃。銃床内に収められた筒形弾倉に弾薬を装塡するという方式で、7発の銃弾を連発できた。

武器の作法 その八
アームストロング後装砲は幕末最強の火砲だった

| 該当する思想 | 佐幕 | 攘夷 | 倒幕 | 開国 |

| 該当する人々 | 武士 | 農民 |

🔫 薩英戦争をきっかけにイギリスより輸入

　幕末で、海防のために沿岸に配備されたのは、主にオランダ軍制式の前装滑腔砲だった。当時の火砲は、弾道（砲弾の軌道）に基づいてカノン、ホウイッツル、モルチールの3種類に分けられる。カノンとは、浅い仰角（角度）で砲弾を「平射」する火砲で、射程が長く、大きな侵徹力（弾丸などの貫通力）があった。ホウイッツルは、緩い仰角で炸裂弾を「擲射（打ち放ち）」する榴弾砲。モルチールは、弾径の大きな炸裂弾を「曲射」するもので、短い砲身の形状にちなんで臼砲とも呼ばれた。砲弾の種類は、射撃目標に合わせて使い分けられた。

　当時、最強と謳われたアームストロング後装砲は、文久3年（1863年）の薩英戦争において、薩摩藩が同砲の威力を目の当たりにしたことをきっかけに日本に輸入された。薩摩藩は戦争のの

ちにアームストロング後装砲を入手し、そのマニュアルを蘭学者・川本幸民に翻訳させて、元治元年（1864年）に『噫私多竜新砲図説』として出版している。

　薩摩藩のほかにアームストロング後装砲を輸入したのが佐賀藩で、手に入れるだけでは飽き足らず、コピー製造にも着手。9ポンド砲と6ポンド砲を各1門ずつ製造することに成功し、戊辰戦争で実戦投入している。

　また、戊辰戦争では、20ドイム臼砲、ボートホウイッツル、12ポンドM1857カノン、ボートホウイッツルなどの大砲が活躍した。20ドイム臼砲は、会津若松城における攻防戦で使用され、12ポンドM1857カノンは各藩が使用。軽量のため運搬が比較的に容易だったボートホウイッツルは、野戦砲として重宝された。

　連射の可能なガトリング機関砲は、幕府軍側の長岡藩の家老・河井継之助が2門購入して藩領に持ち帰ったという記録が残っている。

三章　武器の作法

幕末の火砲①

幕末の火砲の操作法はオランダ流

幕末の日本で西洋式火砲の導入がはじまると、オランダの軍事技術に基づいた操作法が取り入れられた。

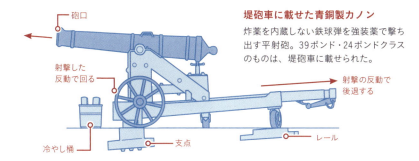

堤砲車に載せた青銅製カノン
炸薬を内蔵しない鉄球弾を強装薬で撃ち出す平射砲。39ポンド・24ポンドクラスのものは、堤砲車に載せられた。

29ドイムモルチール砲
（臼砲椅に据えた状態）
炸裂弾を曲射によって撃ち出す臼砲。ドイムとはオランダの長さの単位で1ドイム=2.5cm。

攻城砲車に載せたホウイッツル
炸裂弾を擲射によって撃ち出す榴弾砲。二輪車のついた攻城砲車に載せて使われた。

幕末FILE

火砲の弾道

厳密な数値ではないが、火砲は平射が0〜15度、擲射が15〜45度、曲射が45〜60度の仰角幅で砲弾を発射する。射撃目標に合わせて、火砲は使い分けられた。

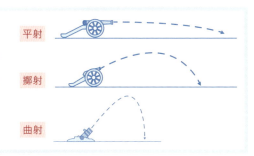

幕末の火砲②

四斤山砲に使われる弾丸は4kg

四斤山砲の「斤」とはkgを表しており、弾丸（弾殻・炸薬・信管などの合計）の重さは4kgだった。

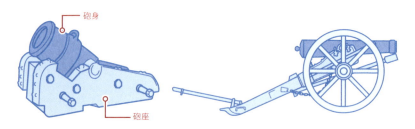

20ドイム臼砲
最大射程1500mの前装滑腔式の青銅砲。ただし、全備重量が669kgと重く、機動性に乏しい。

12ポンドM1857カノン
当時の野戦砲の中ではもっとも威力のある部類に入る前装滑腔砲。「ナポレオン砲」とも呼ばれた。

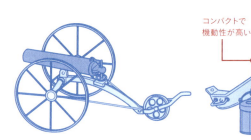

12ポンドボートホウイッツル
小型艇に取りつけられる前装滑腔式の青銅砲。地上では野戦砲車に載せ、野戦砲として使った。

四斤山砲
安政5年（1858年）にフランス陸軍に制式採用された青銅製の前装施条砲。山砲と野砲があった。

コンパクトで機動性が高い

幕末FILE

前装式と後装式とは？

前装式とは、弾薬を砲口から装填する初期の火砲の方式。後送式とは、弾薬を砲身の尾部から装填する新しい方式。前装式は「先込め」、後装式は「元込め」とも呼ばれた。

前装式　　後装式

幕末の火砲③ ハイスペックなアームストロング後装砲

幕末最強の火力を誇るアームストロング後装砲は、会津戦争の折、頑強だった会津若松城の城壁も撃ち抜いた。

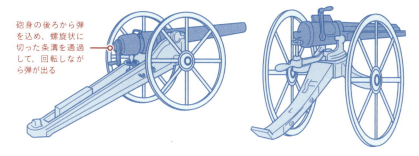

砲身の後ろから弾を込め、螺旋状に切った条溝を通過して、回転しながら弾が出る

アームストロング後装砲
イギリスのアームストロングによって開発された後装式施条砲。この砲では、砲尾に取りつけられたハンドルによる螺状の諦緩で、連続的に銃弾の発射が可能であった。

ガトリング機関砲
アメリカのガトリングによって開発された手動式機関砲。横浜で商館を開いていたスイスの商人・ファーブルブラントによって持ち込まれ、長岡藩が購入。慶応4年（1868年）の長岡城攻防戦で使用された。

ガトリング機関砲の使い方
ホッパー式弾倉にバラ弾を入れる。ホッパーの中に入れたバラ弾の数だけ銃弾を連射することができた。

クランクを手動で回すと銃身が回転。銃身が最上部に来たときに弾を加え、最下部に来たときに銃弾を発射する作動が連続的に行われた。

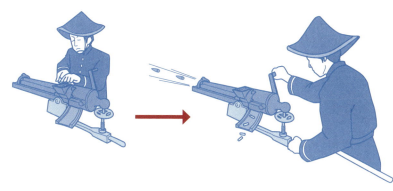

武器の作法 その九 幕府と雄藩は海軍の強化を張り合った

| 該当する思想 | 佐幕 | 攘夷 | 倒幕 | 開国 | 公武合体 |

| 該当する人々 | 武士 | 農民 | 商人 | 町人 |

実力のない艦隊でも個々の戦闘なら勝てた!?

アメリカのペリー提督の浦賀来航によって開国を余儀なくされた幕府は、これからの国防には海軍力が不可欠だと悟り、安政2年(1855年)に長崎に海軍伝習所を設営。海軍力の強化に力を入れた。

幕府の試みに協力をしたのが、長年友好関係にあったオランダである。オランダは、「観光丸」と呼ばれる軍艦を幕府に寄贈。幕府はそれに応えるようにオランダに対して新造軍艦の注文を行い、その上、海軍の留学生をオランダに送り、着々と海軍力を強化していった。

これに対抗して、各藩も外国から軍艦を購入し、海軍力の向上に専念。特に勢いがあったのが、薩摩藩と佐賀藩である。幕府にも劣らない独自の海軍を育て、大砲や火薬についても最新鋭のものを揃えるべく尽力していた。

その後、幕府はオランダで建造された最新式の軍艦「開陽丸」ほか、軍艦54隻を整備。アメリカから装鉄艦を購入することも決まっており、ほかを凌駕する一大海軍を築きつつあった。

これに対して、諸藩の軍艦は計93隻を揃えていたが、一部の藩を除けば実力は幕府のほうが上であった。しかし、当時の海の戦争は、個艦同士の戦闘が主流であった。全体的に負けていたとしても個々の戦闘においては勝てる可能性があったのだ。

そして、戊辰戦争がはじまった慶応4年(1868年)の1月4日、ついに幕府海軍の「開陽丸」と薩摩藩の「春日丸」が阿波沖で相まみえる。これが、日本における初の洋式軍艦同士の海戦であった。

だが、戊辰戦争における海軍は、幕府軍、新政府軍ともにまだ発展途上の状態であった。勝敗を決するような海戦力は、のちに編成される明治海軍まで待たねばならなかった。

三章　武器の作法

幕府海軍と諸藩の軍艦

幕府の軍艦にはフランス人も乗っていた!?

慶応4年（1868年）、蝦夷地に敗走した幕府海軍の船には、幕府がフランスから招いた軍事教官も乗っていた。

幕府海軍

開陽丸
オランダ製の軍艦。慶応4年（1868年）、江戸湾を出航し、蝦夷地を目指した旧幕臣・榎本武揚率いる脱走艦隊の旗艦として知られる。

甲鉄（東）
アメリカの南北戦争のためにフランスで建造された軍艦。南北戦争が終わってしまったため、日本が買い取った。元の名は「ストンウォール」。

薩摩藩

春日丸
慶応4年（1868年）の鳥羽・伏見の戦いで、幕府側の開陽丸と砲撃戦を行った軍艦。

長州藩

第一丁卯丸
イギリス製の軍艦。慶応4年（1868年）の寺泊沖海戦で幕府側の艦隊と戦い、活躍した。

Column

引き揚げられた開陽丸の遺物

慶応4年（1868）、北海道の江差沖で沈没してしまった開陽丸。その遺物の引き揚げ作業は、数度にわたって行われており、引き揚げられた多くの武器、弾薬、船具などは、北海道の開陽丸記念館で見ることができる。

武器の作法
その十

新政府軍の軍服はアメリカのお下がりだった

| 該当する思想 | 佐幕 | 攘夷 | 倒幕 | 開国 | 公武合体 |

| 該当する人々 | 武士 | 農民 | 商人 | 町人 |

幕末の日本では異様だった西洋風の装束

　天保11年（1840年）、長崎会所の最高責任者であった高島秋帆は、アヘン戦争（1840～42年）で清国がイギリスに敗れたのは砲術の未熟さゆえだとし、西洋列強の国々に勝つためには日本も兵学に西洋流を採用すべきだと幕府に上書した。これを機に幕府は軍の西洋化を推進。武士たちの衣服は変わりはじめる。

　そもそも、西洋兵学は小銃や大砲といった火器を使う集団訓練に重きが置かれており、服装も軽快に動くことができるシンプルなものが適していた。幕末の日本では、こうした洋式の服装を「戎服」と呼んだ。

　とはいえ、すぐさま洋式の服装に変わったわけではない。幕末の日本では西洋風の服装は異様な格好としてなかなか受け入れられなかった。

　そのため、まずは洋服と和服をミックスさせたレキション羽織、マンテル羽織、段袋、シャモといった装束が登場。それらは文久年間（1861～64年）以降に一般化されていった。

　和洋折衷の装束を着る幕府軍の中で唯一、完全な洋式の軍服を身につけた部隊が、仏式伝習隊である。これは、フランスの皇帝・ナポレオンⅢ世の支援を受け、同国から招いた軍事顧問団の指導の下に編成された部隊であり、軍服や装備なども同国の制式に準じていた。

　王政復古のあと、慶応4年（1868年）に戊辰戦争が起こると、新政府は諸藩の兵を集めて東征軍とし、幕府と佐幕派諸藩からなる幕府軍と激突。東征軍は諸藩に出兵を命じる際、西洋式の訓練を義務づけており、戊辰戦争を通じて諸藩兵の西洋化が急速に進んだ。ただ、従軍にあたり慌てて購入した兵士たちの装束は、民間向けの服や南北戦争で使われた中古軍服などが混在しており、統一されたものではなかったという。

三章　武器の作法

幕末兵士の羽織・袴

幕末兵士の装束は和洋折衷

戊辰戦争時に諸藩の兵たちが着用していた軍服はアメリカの南北戦争で使われた中古の軍服が多かった。

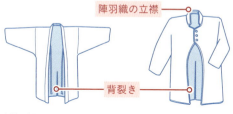

陣羽織の立襟
背裂き

裁付袴（たっつけばかま）
袴の膝よりも下の部分を脚絆（脛に巻く布）にしたもの。脚絆の背面はボタン掛けになっている。

三斎羽織（さんさいばおり）
茶人・細川三斎が創製したとされる袖が筒袖で、背裂きの入った羽織。

マンテル羽織
筒袖の陣羽織と洋服を折衷したもの。胸元がボタン掛けになっている。

段袋
腰板のついた袴と同じ作りだが、脚の部分は股引のような筒形になっている。

シャモ袴
穿くと軍鶏の足のようになったので、こう呼ばれる。作りは股引とほぼ同じ。

半マンテル
丈が腰下まであるボタン留めでジャケット仕立ての上衣。筒袖である。

ズボン
足が「すぽん」と入るところからズボンと命名された。「タローズ」ともいう。

> **Column**
>
> ### 敵兵との見分け方
>
> 戊辰戦争の頃、東征軍は統一した軍服を持っていなかった。こうした中で東征軍は、朝廷が東征軍の士卒に配布していた「錦切れ」をつけているかどうかで、敵味方を見分けたという。

武器の作法
その十一

円錐形の冠物が多いのは銃を扱いやすくするため

| 該当する思想 | 佐幕 | 攘夷 | 倒幕 | 開国 |

| 該当する人々 | 武士 | 農民 |

和風でありつつ銃に適した冠物

　幕末の日本の軍隊に西洋式兵学が導入され、その装束が西洋化していったが、冠物はほかの装束に比べ西洋化の影響をあまり受けなかった。

　現に西洋式の軍帽が慶応年間（1865～68年）に入って取り入れられるようになっても、戎服をまとった士卒は、韮山笠、尖笠などの陣笠、調練、頭盔などの頭巾といった、日本で考案された冠物を着けていることがほとんどだったという。

　それらの冠物は、洋式銃の取り扱いに適しつつも、和風の雰囲気からは逸脱しないように考えられたものだった。執銃の基本姿勢となる控え銃の動作をする際、冠物の縁が邪魔にならないようにも考えられていた。ちなみに、控え銃の動作とは、直立不動の姿勢のまま銃を身体の前で脇をしめたまま両手で持つことである。その際、右手は正面に対して手の甲を向けて銃床を、左手は正面に手の甲が見えないように被筒部後部を握った。

　また、幕末の著名人によって考案された冠物も。長崎会所の責任者である高島秋帆が考えたトンキョ笠は「ペロトン笠」とも呼ばれる尖った鉄陣笠で、秋帆はそれを私兵たちに公式洋式調練の折に被らせている。伊豆韮山の代官・江川太郎左衛門が考えた韮山笠は、戊辰戦争時の長州藩の統一の冠物だった。

　そのほか、熊毛をあしらった熊毛頭は、「ハゲマ」とも呼ばれ、各藩の隊長クラスが被った冠物。藩によって毛の色が異なり、薩摩藩は黒、長州藩は白、土佐藩は赤だった。

　また、洋式軍装時には、指図役も銃手も同じ形の冠物を用いることが多くあり、そのようなときは家紋や合印の入れ方、あるいは冠物本体の作りの細やかさによって、身分や格式の差を見分けたという。

三章　武器の作法

幕末兵士の冠物

藩によって独自の名で呼ばれた尖笠

薩摩藩では尖笠のことを「半首笠」、福岡藩では「ドンコ笠」と呼んでいた。

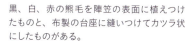

尖笠

頂上が尖った錬革製の鉄陣笠。斜め上の方向を向いた眉庇が付属するものと、それがつかないただの円錐形のものがある。

熊毛頭

黒、白、赤の熊毛を陣笠の表面に植えつけたものと、布製の台座に縫いつけてカツラ状にしたものがある。

調練頭巾

錣（頭巾の下部に布などを垂らして後頭部を保護する覆い）つきの布製頭巾。正面に眉庇のようなものがつくことが多い。

トンキョ笠

頂上が鋭角に尖り、鮪頭という異名が示すように縁の両側が錣状に広がっている。正面に直線的に伸びた眉庇も特徴のひとつ。

Column

熊毛頭の謎

熊毛頭は、どういういきさつでこれを被るようになったのか、各藩の藩史や藩法集を紐解いても記録がない。謎に包まれた幕末特有の志士たちの風俗である。

韮山笠

「江川笠」とも呼ばれるあみ笠。表面に漆をぬって水や氷に耐える工夫をした。

頭盔頭巾

調練頭巾の一種で、頭頂部を高く尖った形にしたもの。烏帽子型に作られた

武器の作法 その十二
弾入れを意味する胴乱（どうらん）は、戦国時代に使われた名称

該当する思想	佐幕	倒幕

該当する人々	武士	農民	商人	町人

パトロンタスの呼び名で知られた胴乱

　慶応（けいおう）4年（1868年）1月3日に幕を開けた戊辰（ぼしん）戦争で幕府側と新政府側の兵士がよく身につけていた装具が胴乱だった。これは、兵士が弾薬を携行するために持つ革カバンで、「弾薬盒（だんやくごう）」とも呼ばれる。もともとはオランダから「パトロンタス」という呼び名で輸入されたものだったが、それを火縄銃の弾入れを示す語だった「胴乱」の名で呼ぶようになったのである。その後、アメリカ、フランス、イギリスからさまざまな胴乱が輸入されるようになり、日本国内でのコピー製造も活発化していった。こうした各種の胴乱が、戊辰戦争期に使用されたのである。

　その中でも一番ポピュラーなのが、米式胴乱である。この胴乱は、内部にブリキ製の仕切り箱が2個入っており、それぞれの上段にはバラの弾薬包20発、下段には10発ずつ包装された包み2個を収納することができた。また、ゲベール銃に付属して輸入された蘭式胴乱も日本でのコピー製造が早い時期から行われていたという。

　仏式胴乱は、ベルト通し専用の胴乱で、内部は3室に仕切られ、中央に油缶、左右にそれぞれ20発ずつの弾薬包が収納できた。少数ながら日本でもコピー製造されていたという。そのほか、英式胴乱は、エンフィールド銃、スナイドル銃に対応する胴乱で、内部にはブリキ製の仕切り箱があり、弾薬包50発を収納可能である。

　また胴乱のほかに、雷管盒（らいかんごう）という小さな雷管を収納する小型のポーチが雷管盒で、胴乱の負革（おいかわ）（背負うための革）に取り付けるタイプと、ベルトに通して装着するタイプがあり、内部には毛が取り付けられており、クッションの役目を果たしていた。

　ちなみに、昭和に入ると、胴乱は日本陸軍の間で、単に「弾入れ」と呼ばれていた。

三章　武器の作法

幕末兵士の胴乱

もっとも多くコピー製造された米式胴乱

アメリカから輸入された米式胴乱は、日本でもっとも多くコピー製造され、遺物として現存している。

米式胴乱
戊辰戦争期にもっとも多く使用された胴乱。盒内にはブリキ製の仕切り箱が2個入り、弾薬包を合計で40発収納できた。

雷管盒
外火式の小銃に使う小さな雷管を収納する小型ポーチ。胴乱の負革につけるタイプと、ベルトに通して装着するタイプがある。

英式胴乱
エンフィールド銃、スナイドル銃に対応した胴乱。盒内にはブリキ製の仕切り箱があり、弾薬包を50発収納できた。

仏式胴乱
幕府軍の仏式伝習を機にもたらされた胴乱。盒内は3室に仕切られ、中央に油缶、左右に20発ずつ弾薬包が収納できる。

蘭式胴乱
ゲベール銃に附属して輸入されてきた胴乱。日本でのコピー製造も早い時期から行われていた。

> **Column**
>
> **用途が違うもともとの胴乱**
>
> 洋式の胴乱と違い、日本の胴乱は火縄銃の弾入れに使用されていたのがはじまりだが、薬や印入れとしても使われていた。

武器の作法 その十三

幕府に洋式武装を提案したのは薩摩藩だった

該当する思想 ▷ 佐幕　公武合体
該当する人々 ▷ 武士

外国の内閣制を取り入れた改革を実施

安政7年（1860年）、桜田門外の変で大老・井伊直弼が水戸・薩摩浪士により暗殺された後、安藤信正が老中首座に就任。幕府権威の低下を防ぐため、安藤と老中・久世広周らは将軍・徳川家茂と皇女・和宮親子内親王の婚姻による公武合体で幕権強化を図ろうとする。しかし、文久2年（1862年）、坂下門外の変で尊皇攘夷派の水戸浪士6人に襲撃された安藤が失脚。公武合体は道半ばで頓挫してしまう。

幕府の権威が失墜する中、薩摩藩主の父・島津久光が朝廷を動かして勅使を出させ、幕府に改革を迫るという事態が発生。こうした経緯によって、文久の改革が行われる。外国の内閣制が取り入れられ、一橋徳川家第9代当主・一橋慶喜が将軍後見職、第16代越前福井藩主・松平慶永が政事総裁となり、庶政を統轄した。

また、京都には京都所司代の上に京都守護職が設けられ、第9代会津藩主・松平容保が就任。尊皇攘夷の志士たちの動きを牽制した。

その後、幕府の二度に及ぶ長州征伐が失敗に終わり、将軍・家茂の病死によって一橋慶喜が将軍に就任。徳川と姓を変えた慶喜によって慶応2年（1866年）から翌年にかけて、幕政改革・慶応の改革が行われる。

その改革によって、陸軍・海軍・国内事務・外国事務・会計の各総裁が置かれるといった官制の変更やフランスの皇帝・ナポレオンⅢ世の援助によるフランス軍制の導入などが実施されたが、弱体化してしまった幕府にはもはや焼け石に水だった。

そして、薩長による倒幕の熱は高まり、ついに慶応3年（1867年）10月、慶喜は大政奉還を宣言。そして、翌慶応4年（1868年）4月、新政府軍によって江戸城は占領され、江戸幕府は265年間に及ぶ歴史に幕を下ろした。

三章　武器の作法

幕末動乱期の改革

慶応の改革では参勤交代にもメスが！

隔年交代制で行われる一大行事だった大名の参勤交代。幕末は慶応の改革で1年に1度から3年に1度に改められた。

幕末の改革（文久の改革・慶応の改革）

京都守護職の新設
京都の治安維持のために設置。尊王攘夷を唱える志士たちに睨みを利かせた。

海軍総裁・陸軍総裁の新設
幕府海軍および陸軍の最高職。初代は第13代徳島藩主・蜂須賀斉裕が両役を兼任した。

外国総裁・会計総裁の新設
現在の外務大臣に当たる外国総裁、大蔵大臣に当たる会計総裁を新設。

兵庫奉行の新設
遠国奉行のひとつ。外国貿易を行う兵庫港の取り締まりをするために設けられた。

海軍奉行が置かれる
軍艦奉行の上役として幕府海軍を統括する海軍奉行が置かれた。

製鉄所が造営
横浜と横須賀に造船と船舶修理のための製鉄所が作られ、製鉄所奉行が置かれた。

将軍後見職・政事総裁の新設
将軍後見職とは、将軍を補佐する役職。政事総裁は以前の大老にあたる。

121

武器の作法 その十四

幕府の士官学校には新政府の立役者が揃っていた

該当する思想 ▷ 佐幕 / 公武合体

該当する人々 ▷ 武士 / 農民

講武所設立の影に剣客・男谷精一郎あり

　維新の大波に揺れる幕府は、アメリカのペリー提督の2回目の来航があった安政元年（1854年）、築地に幕府の武術総合練習場である講武所を設立した。発案者は、先手組頭で剣客として名高い男谷精一郎。男谷から提案を受けた老中首座の阿部正弘が、安政の改革の一環として設立したのである。生徒の対象は、諸役人、旗本、御家人、およびその子弟だった。

　安政3年（1856年）、築地にあった練習所が軍艦操練所になると、講武所は神田小川町（現在の三崎町）に移転。1万3000余坪（約4.29㎢余）の敷地があった。実戦を目標にした講武所の稽古は厳しく、気風も荒かったため、一般の顰蹙を買う面もあったが、時節柄、有益な人材を求めていた幕府にとって、そこはまさに宝の山だった。

　講武所の部門は弓術、砲術、槍術、剣術、柔術に分かれており（のちに弓術と柔術部門は廃止）、頭取である男谷の下に総裁が2人。各部門に師範役がひとりずつおり、その下に教授方が置かれていた。

　総裁は旗本の跡部良弼と土岐頼旨、剣術教授方として、「最後の剣客」と呼ばれた榊原鍵吉、鏡新明智流の剣術家・桃井春蔵、剣客・伊庭軍兵衛。槍術は、のちに鳥羽・伏見の戦いに敗れて帰京した将軍・徳川慶喜に恭順を説く名槍術家・高橋伊勢守政晃（のちの泥舟）が指導。砲術では、長崎の出島でオランダ人らを通じて洋式砲術を学んだ長崎会所の責任者・高島秋帆、代官・江川太郎左衛門など、当代随一の武芸者たちが揃っていた。

　講武所出身で幕末・明治に活躍した者は、明治政府で大臣を歴任した榎本武揚や元老院議官を務めた大鳥圭介、東京都知事を務めた大久保一翁など数多く、講武所が優れた幕末の士官学校であったことがよくわかる。

三章　武器の作法

幕末の士官学校

講武所の名で呼ばれた色街

講武所があったことから、神田の色街（遊女屋が集まる区域）も「講武所」の名で呼ばれていた。

講武所の練習風景
教授方に厳格な武人が揃っていただけあって、講武所の練習は過酷を極め、時に血へどを吐くような荒っぽい稽古も行われていたという。

幕末の剣聖と呼ばれた男

男谷精一郎
（1798年〜1864年）

直心影流男谷派を名乗り、その実力の高さから畏敬の念を込めて「幕末の剣聖」と呼ばれた。

生徒の服装
生徒の衣服は、羽織、和風の袴、レキション（上着）、洋風の段袋（ズボン）など、比較的自由であった。

ポイント

生徒の髪型
生徒の間で、前頭部から頭頂部にかけてを狭く剃った「講武所風」という髪型が流行していた。

123

column ③

幕末時代、ラッパや太鼓は合図として使用した

武器だけでなく音楽も西洋から導入

日本人が西洋楽器で楽曲を演奏する契機となったのは、幕末期の幕府海軍伝習所に導入された太鼓とラッパによる軍事訓練の合図であった。その後、笛が加わり鼓笛隊が誕生した。日本人が西洋音楽演奏の訓練を受けるようになったのは、明治2年（1869年）のこと。薩摩藩軍楽伝習生に対し英国陸軍軍楽長フェントンが教えたのがはじまりで、明治4年（1871年）には陸海軍にそれぞれ軍楽隊が発足した。陸軍はフランス式、海軍は英国式からドイツ式の軍楽を習得し、いずれも演奏水準を高めていった。今でこそ軍隊に音楽はつきものだが、幕末以前の軍隊で使われた楽器は法螺貝ぐらいのものである。初期の演奏技術はおそらく相当低かっただろう。

四章

幕末志士が作った維新の作法

明治元年（1868年）、旧幕府軍との戦乱の最中にありながら、新政府側の志士たちは日本国を一新すべく改革案を次々と打ち出した。幕末から維新にかけて何がどのように変わったのか？ 仕組みや暮らしを中心に解き明かしていく。

幕末志士が作った維新の作法 その一

祝祭日の制定で、日曜と祝日が休みになった

該当する人々 ▷ 皇族 ・ 役人 ・ 農民 ・ 商人 ・ 町人　　該当する時代 ▷ 明治

🔫 皇族・役人は儀式や宴を 庶民は休日を楽しんだ天長節

　天皇の誕生日である「天長節」は明治元年（1868年）に制定された。当初、9月22日とされたが、新暦施行に伴い明治6年に11月3日に改められ、祝祭日と定められた。

　当日、宮中三殿にて「天長節祭の儀」を執り行った後、練兵場で「天長節観兵式」、皇族や官僚を召しての「宴会の儀」が行われた。軍事関連の儀式が行われた理由は、当時の欧州君主が執り行っていた儀式に習ったためといわれている。夜には帝国ホテルで外務大臣主催の夜会が開催。この宴には官僚・役人などが招待され、贅を尽くした西洋料理が振る舞われた。

　また、国民にとっても、天長節は日曜日以外の数少ない休日だった。この時期は天皇家の紋でもある菊のシーズンであり、各地で菊花の祭典が盛大に開催された。東京の秋を代表する興行でもあった駒込にある団子坂の菊人形には、天長節を祝うための見物客が殺到したという。

　一方、商家にとっては、町が多くの人々でにぎわうこの日はかき入れどき。特にうなぎ屋や牛鍋屋、天ぷら屋などの飲食店を中心に、どこも大盛況だった。ちなみに、当時の商家は「二・七日」といわれる5日ごと、または「三の日」といわれる10日ごとに休むのが普通だった。

　仕事が休みになる一般的な勤め人は、1日ゆっくりと休んだり、行楽に出かけ、酒盛りを楽しんだりと、思い思いに祝日を楽しんだ。

　その一方で、小学校、中学校、高等学校は全休ではなく、午前中に天長節祝賀の儀が行われたので、学校に通った。子どもを持つ主婦たちも、半休日の土曜日とあまり変わらない1日だったことを考えれば、のんびりと休日を楽しめたのは世の父親ばかりだったのかもしれない。

四章　幕末志士が作った維新の作法

| 天長節 | 日本中がにぎわい活気あふれた天皇誕生日 |

新しい祝祭日としてはじまった天長節。天皇や官僚は祝祭の儀を、庶民は各々休日を楽しんだ。

天長節の人々の様子

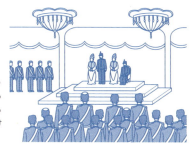

天皇・皇族
天皇は宮殿で「天長節祭の儀」を行うが、午前中は別の会場で観兵式があったため侍従の代拝になることが多かった。皇族や官僚たちからの拝賀を受けたあと、祝宴が行われた。

官僚
夜は帝国ホテルで外務大臣主催の夜会が開かれ、2000人ほどの役人が招待された。元勲や大臣などのトップの官僚たちが招かれ、ほかの高官は名簿に著名したあと退出した。

一般家庭
官吏などの勤め人は、家でゆっくり休んだり、菊見やハゼ釣りなどに出かけた。子どもは午前中に学校で祝賀の儀式があり、『君が代』などを歌った。

商家
日曜や祝日は稼ぎどきだったため、休む商家は少なかった。東京の上野や浅草では、うなぎ屋や牛鍋屋などが大繁盛した。

Column

晩餐会のメニューはなぜフランス料理？

宮中の祝宴会のメニューは、日本料理ではなくフランス料理だった。その理由は、日本の皇室が模範にしているイギリス王室の公式メニューがフランス料理だったため、また明治天皇は西洋料理が好きで、当時タブー視されていた牛肉を推奨するためだったといわれている。この慣例は今でも続き、さらに宗教上の制約を受けないことから羊肉がメイン料理になっているという。

幕末志士が作った維新の作法 その二

馬車、人力車に鉄道！バリエ豊富な移動手段

該当する人々 ▷ 皇族　役人　農民　商人　町人

該当する時代 ▷ 明治

🔫 電車や人力車の登場で世の中はスピード社会へ

　明治3年（1870年）に建設がはじまった鉄道は、翌々年の明治5年に開通し、東京〜横浜間をつないだ。当時の人々をもっとも驚かせたのは、そのスピードだろう。東京から徒歩で6〜7時間かかった横浜に、わずか50分で到着するのである。その驚きの大きさは想像に難くない。運賃はもっとも安い席で片道37銭5厘。現在の3750円程度だった。鉄道網はその後も拡大し、明治18年には東京の鉄道の代名詞ともいえる山手線が開通した。ちなみに、鉄道の父と呼ばれる人物が井上勝。伊藤博文らとロンドンにわたった元長州藩士である。幕末の志士たちは、明治時代になるとこうした近代的な事業にも取り組むようになった。

　鉄道が人と物の輸送速度を飛躍的に向上させた一方で、より身近な交通手段として明治の文化に浸透したのが人力車や馬車である。特に駕籠に代わって庶民の足として活躍した人力車は、現在の自動車のように一台一台車体番号がわり振られ、税金も取られていた。鉄道をはじめ、多くの欧米文化や技術が流れ込んできた明治にあって、馬車と荷車をヒントに作られた人力車は純粋な国産文化であり、のちに「リキシャ」として海外でも広まった。

　鉄道や馬車、人力車の登場によって、人々の価値観は「移動はより早く」というものに変わった。しかし、その変化によって増えたのが交通事故である。

　人通りの多い道を全速力で駆け抜ける人力車を避けそこなって怪我をするという事故や、馬車が横転して、多くの怪我人を出したという事例もある。各地に鉄道網が広がってからは、電車にはねられる人も多かった。中でも線路際で遊んでいた子どもが逃げ遅れて事故に遭うケースが多く、その原因は列車のスピードを見誤ったためだったといわれている。

四章　幕末志士が作った維新の作法

乗り物

インフラが整わないまま乗り物が大集合！

人力車や馬車、鉄道など便利な交通手段が登場。しかし、人々はその変化にうまくついていけなかった。

通りを行き交う人力車と馬車

通りは歩行者や人力車、馬車でいっぱいに。走る人力車に飛び乗るという危険な遊びを好む子どもも多く、失敗して大怪我をするケースもあとを絶たなかった。

海上を走る鉄道

当時の日本人にとって鉄道は未知のものであり、鉄道が走る線路を設置することに反対する人が多かった。そのため日本初の鉄道である新橋から横浜までの線路は、全体29kmのうち約3分の1が海上路線となった。

幕末志士が作った維新の作法 その三
子どもの教育は寺子屋式からフランス式になった

該当する人々 ▷ 皇族 役人 農民 商人 町人　　該当する時代 ▷ 明治

🎻 全国民への教育のため寺子屋からフランス式の教育へ

　身分にかかわらず同じ教育を受けるべきとする近代学校制度が公布されたのが明治5年（1872年）。その基礎を固めたのは、佐賀藩士だった江藤新平である。江藤は近代国家をつくるため司法制度の基礎を築いた人物として知られる。

　当初の学校制度は、フランスの学制にならって全国を7つの学区に分け、それぞれに大学校、中学校、小学校を建設した。就学年数は現在と同じ満6歳だが、高等学校はなく、小学校が下等小学と上等小学に分かれていた。それぞれの年限は4年であり、下等小学の1年次のみ学年を八級と七級の2つに分けた半年進級制をとっていた。

　文部省が作成した「小学教則」では、アメリカをモデルに教科内容や教授法、授業時間などが決められた。授業では、ひとりの教師が大勢の生徒を教える「一斉教授法」を採用。今では当たり前となっている黒板も、このときから採用された。授業内容の特徴は、国語が「綴字」「習字」「単語読方」「単語暗誦」「会話読方」「単語書取」という具合に細分化されていたこと。地学、理学、博物学などの自然科学系の教科が設置されていたことなどがある。当時の教科書は欧米の教科書を翻訳したものが多かったという。

　しかし新しい教育制度は、国民からは次第に批判の対象とされるようになった。理由のひとつが学校の建設に多額の費用がかかることであった。また、勉強内容が実生活からかけ離れた知識重視のものになっていること、授業時間が長すぎて家事手伝いの時間がなくなることも、多くの家庭にとって不満だったようだ。全国民に対しての初等教育確立という画期的な試みも、明治初期の段階では人々の賛同を得るのは難しく、初年度の就学率は30％台にとどまっていたという。

学校制度

教育レベルをさらに高くした授業カリキュラム

藩校や寺子屋で学んでいた江戸時代。明治になると身分に関係なく、みんなが同じ教育を受けられるようになった。

小学校の授業風景
教師が教鞭で単語を指しながらひとりずつ指名してこれを読ませ、全員で復唱。そして一列目から順番に読み、今度は列単位で読んでいくという進め方だった。

掛け図
掛図には、連語図、九九図、博物図など多くの種類がある。これらは単語図といわれ、アメリカの掛図を日本風にアレンジした。

学校一揆
学制制度は多くの国民にとって大きな負担となった。そのため反対運動として学校費の引下げや小学校廃止などを求めた学校一揆が各地で頻発。小学校が焼き討ちされることもあった。

当時の教科書
欧米の教科書を翻訳したものが多く使われていた。たとえば国語の読本には、まだ日本にはなかった野球について書かれたものなどがあり、子どもたちは教科書から野球というスポーツを知ることになった。

輸送・通信の中心は飛脚から郵便・電話になった

幕末志士が作った維新の作法 その四

全国をつなぐ通信網として郵便と電信・電話が登場

 国民に情報をすばやく伝達し、全国をつなぐ通信網の構築は、中央集権国家形成のための大きな課題だった。明治2年(1869年)には、日本で初の電信が東京〜横浜間で開業。明治4年(1871年)には、東京〜京都〜大阪を結ぶ東海道郵便が開業した。

 電信が鉄道より3年も早く開通した理由は、国際電信網の海底ケーブルがこの時点ですでに東アジアまで伸びていたため。つまり、既存の海底ケーブルを活用したことで、電信は開通当初から国際的な情報ネットワークに接続し得たのである。

 電信では世界から遅れをとった日本だが、電話については世界に先立った。明治9年(1876年)、アメリカのベルが電話を発明した翌年に、官庁に導入したのである。東京・有楽町に最初の電話交換室が設けられた。なお、電話が民間に普及したのは明治20年以降。それまでは、官庁間のやり取りに試験的に使われるにとどまっていた。

 もうひとつ、通信網構築に欠かせないものが郵便だ。だが、郵便事業についての当時の人々の関心はそれほど高いものではなかった。江戸期から幕末にかけて国内の輸送・通信は飛脚屋が担っていて、速度や料金が不安定ながらも、多くの人は取り立てて不自由を感じていなかったのである。

 しかし、欧米各国が国際郵便網を日本にまで広げてきたことで、輸送・通信事業の大幅な近代化が必要になった。車両の導入や道路の拡張を進める一方、内務省や農商務省が中心となって事業を展開。飛脚屋から発展した通運会社や新たな企業家などと連携し、近代的な郵便網を構築していった。ちなみに、郵便を表す「〒」マークは、明治20年(1887年)に告知され、郵便を意味する逓信の「テ」をデザインしたものであるといわれている。

四章　幕末志士が作った維新の作法

郵便と電話

新しい情報ネットワークの誕生！

政府は日本の近代化をいち早く進めるため、江戸時代の体制を利用しながら郵便や電話の情報網を新しく整備した。

新しい郵便・電話制度

郵便馬車
生糸などの貿易に関わる貨物商品などを主に郵送した。賊に襲われることが多かったため、配達夫はピストルを持っていたという。

黒塗柱箱
明治5年に設置された角柱型の黒ポスト。色が黒いため「垂便箱」（トイレ）と勘違いする人や、夜は見えづらいなどという問題があり明治34年に赤色に変更した。

郵便行李（こうり）
郵便物を入れた箱。荷物を含め約11kg。

ガワーベル電話機
明治20年頃の電話創業期に使われた電話機。受話器を耳に当て、中央の送話器に話しかけて使用した。

郵便配達夫
東海道の宿駅間を行き来し、各宿駅に8人程度配置された。2時間で20km走り、東京から京都まではリレー方式で72時間だったという。夜間は窃盗を防ぐためふたりで走った。

幕末志士が作った維新の作法 その五
不法投棄や火遊びは、軽犯罪法により罰金が科せられた

該当する人々　農民　商人　町人

該当する時代　明治

警察機構の誕生と軽犯罪の取り締まり

明治4年（1871年）、政府は東京の治安維持のため、現在の警察官にあたる邏卒3000名を募集した。日本警察の父は川路利良。元薩摩藩士で、優れた軍事的才能で新政府軍の勝利に貢献し、西郷隆盛や大久保利通も評価した人物だった。維新後は西郷の勧めで警察制度の立ち上げに関わったという。続く明治5年に警察は、「違式詿違条例」を施行。これは軽い犯罪と処罰に関する法律で、現在の軽犯罪法に相当した。違式は故意による違反、詿違は過失による違反であり、当然のことながら違式のほうが罪が重かった。

「違式詿違条例」の中身を見ると、現在と変わらない違反項目が多いことがわかる。たとえば、夜中に無灯で馬車を走らせるのは禁止行為とされていた。これは自転車の無灯火運転と同じである。また、人家が密集した場所で火遊びをすること、川や堀などにゴミを投棄すること、死んだ牛馬の肉を販売すること、春画やその類を販売することなどは今も違法行為となっている。

その一方で、今では考えられないような迷惑犯罪があった。たとえば、冠婚葬祭時に往来や家で妨害することを禁じた条項だ。当時、冠婚葬祭があるとどこからともなく物乞いなどが集まって金や食事などを求めたという。彼らは施しを受けられるまで往来に居座り、暴れたり騒いだりするのが常であったことから、処罰の対象となったのである。また、神社仏閣への参拝において金品を強要すること、往来で食用の牛馬を解体することなどが禁止項目に加えられた。

禁止事項を破った者には罰金が課せられた。違式を犯した者には75銭以上150銭以下、詿違の場合は6銭2厘5毛以上12銭5厘以下の罰金。また、払えない者に対しては鞭打ちや1日拘留がなされた。

四章　幕末志士が作った維新の作法

警察

現代の警察は明治初期に形づくられた

邏卒という部隊は今でいう交番のおまわりさんのようなもの。のちに警視庁が設置され、さまざまな体制が整えられた。

邏卒（らそつ）
明治4年(1871年)に導入された初期の警察官。「ポリス」と呼ばれ、こん棒を携帯して市中の見回りをした。仕事の大半が喧嘩と裸の取り締まりだったという。

警察の制服

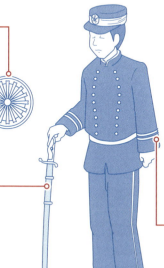

旭日章（きょくじつしょう）
ボタンや帽子についているシンボル。もともとは陸軍の帽章として用いられた。明治8年(1875年)に警察の紋章として採用された。「東天に昇る、かげりのない、朝日の清らかな光」を意味している。

サーベル
西洋の剣。足軽刀を改造して作られた。はじめは上官のみ帯刀を許されたが、明治10年(1877年)の西南戦争の時期により下級の警察官も帯刀できるようになった。

警視庁警部
明治7年(1874年)には首都警察として東京警視庁が創設。邏卒は巡査と改称され、6000人規模の警察官がいた。当時の制服は常装と礼装が一緒だったため、比較的派手な服装だった。夏も冬も1年中、この服を着ていたという。

金線
袖や襟、帽子につく金線は、本数や太さで警察の階級を表した。

軽犯罪①

当時ならではの迷惑行為

当時は現代では考えられない違反が多くある。治安が悪く、グローバル化していない日本の社会がうかがえる。

冠婚葬祭時の妨害行為
物乞いが金や食べ物をくれるまで居座ったり、暴れたりすることがあった。

祭礼時の乱入と妨害行為
不満や恨みを持っている家の祭礼時に、神輿に石を投げ入れたり、家を破壊する者がいた。

外国人を雑居させたり無届で宿泊させる
当時は外国人の居留地が政府によって決められ、外国人は自由に宿泊できなかった。

往来人に合力(喜捨)を求める
人が行き交う往来で、他人に金銭や物品を求める人たちがいた。

四章　幕末志士が作った維新の作法

軽犯罪②

些細な行動も子どものいたずらも見逃さない

当時は、いたずら行為が多かったのだろう。細かい取り締まりルールは現代からみると少し牧歌的だ。

草履を並木に投げ掛ける
こうした子どもの遊びによるいたずらが周りへの迷惑になった。

田畑を牛馬で横断
領地への無断侵入となり、牛馬で横断することで田畑が荒れてしまうため。

常灯台を壊す
常灯台にはガラスがはめられ、割って遊ぶ者がいた。現在の器物損壊罪に当たる。

醜態をさらす見世物
男女相撲やヘビ使いなどの見世物は、天皇や外国人に対して見苦しいと考慮したため。

| 幕末志士が作った維新の作法 その六 |

火葬が禁止されたが、わずか2年で廃案になった

該当する人々 ▷ | 皇族 | 役人 | 農民 | 商人 | 町人 |

該当する時代 ▷ | | | 明治 |

仏教と神道が融合した共葬墓地の誕生

　天皇を中心に据えた復古主義政策をとる政府は、その権威を裏付ける神道の地位向上に力を入れた。

　明治元年（1868年）には、神仏分離に伴う廃仏毀釈を全国で展開。これは仏教寺院の権力を排除することを目的とした宗教政策で、各地の寺院にある仏堂や仏像、仏具などを撤去または破壊したのである。また、神社からも仏像や僧像、経典などが取り払われた。鎌倉の鶴岡八幡宮では徹底した廃仏毀釈の結果、仁王門、護摩堂、多宝塔などの歴史的にも貴重な施設が破壊されてしまっている。

　廃仏毀釈と同時に進められたのが、特定宗派や寺院に属さない神葬墓地の建設である。江戸時代、寺院は代々の墓を守るという檀家制度によって支えられてきたが、それに代わる新しいシステムを作る一環として神道式の葬式を一般化した。神葬を行う以上、寺院墓地を使うわけにはいかない。そこで明治3年（1870年）、東京の青山百人町と下渋谷村羽沢（現存せず）に役人および華族用の神葬墓地が建設された。明治5年（1872年）には神葬墓地が一般にも開放され、東京では青山（現・青山霊園）、雑司ヶ谷（現・雑司ヶ谷霊園）、上駒込（現・染井霊園）、深川（現存せず）に4つの墓地が作られた。

　さらに明治6年（1873年）には仏教的な葬送習俗とされた火葬を禁止。土葬に切り替えたところ、墓地用地の不足や衛生上の不都合、改葬・分骨の問題など、数々の不都合が明るみに出たことで、わずか2年で廃案となった。

　全国を席巻した廃仏毀釈だが、開国時に広まったキリスト教の存在によりその後わずか数年で終了する。政府は神道と仏教による国民教化政策に方針を切り替え、同時に神葬墓地に関しても、神道色を薄めた共葬墓地へと変わっていった。

四章　幕末志士が作った維新の作法

火葬場と共葬墓地

神道と仏教の融合は必要不可欠だった

仏教を排除しようとする政府の政策により火葬が禁止され、各地で大混乱に。現代にも残る墓地はこうして生まれた。

火葬場
コレラが流行したこともあり、年間8000体以上の遺体を扱った。処理が追いつかなくなると遺体が積み重なり、悪臭がひどかったという。

廃仏毀釈
寺院や仏像、仏具などを破壊。神社から仏像や経典が取り払われ、神社や寺院の僧侶たちは還俗することになった。

東京の火葬場と墓地の位置
墓地や火葬場は、郊外に移設する必要があった。そのため、東京では江戸時代に定めた市街地エリアを示す朱引線の外に施設を建てた。

幕末志士が作った維新の作法 その七

役人の給料を1カ月削るため太陽暦に変更した

該当する人々：皇族　役人　農民　商人　町人

該当する時代：明治

太陽暦の導入で日付も時間も欧米式に

　明治5年（1872年）、日本の暦はそれまで使われていた太陰太陽暦から太陽暦に変更された。

　太陽暦は現在でも使っている暦で、1年を365日として、4年に1度閏日を設けている。一方の太陰太陽暦は、1年を12カ月からなる354日と355日に定め、季節のズレについては、19年に7回の割合で閏月を設けた。太陽暦の閏年が平年より1日多いのに対し、太陰太陽暦では1カ月多いことになる。新暦を導入することで、2〜3年に一度、13カ月の年があることで生じていた季節感のズレが緩和されたのだ。

　新暦の導入は、明治5年12月2日の翌日をもって明治6年1月1日とした。つまり明治5年の12月は2日間で終わったことになる。ここで注目したいのは、2日で終わった12月分の給与は支払われなかったということ。じつは、折からの財政難を緩和させるため、政府は新暦導入に踏み切ったとする説があるのだ。とはいえ、欧米と対等な関係を築くことが急務となっていた日本にとって、日本暦と西洋暦の間で起こるズレは深刻なものであり、改暦の必要に迫られていたことも、また事実であった。

　太陽暦導入に伴い時法についても、新たに定時法が用いられるようになった。それまで使われていた不定時法は日の出と日没時間を基準に昼夜をそれぞれ6等分して1刻とし、昼と夜や季節によって1刻の長さが異なっていた。夏至の昼の1刻の長さが冬至の1.5倍になるほどの差があったというが、不便を感じる人は少なかったという。ちなみに当時の人々は、決まった時刻に鳴らされる城の「時の太鼓」や寺の「時の鐘」などの時報で時間を確認していた。その名残は定時法導入後もあり、明治4年には正午を知らせる午砲がが設けられた。

四章　幕末志士が作った維新の作法

改暦の様子

強引すぎる改暦に国民もびっくり！

改暦が布告されてから23日後に施行、12月がわずか2日しかない状況という強引なものだった。

暦法のしくみ

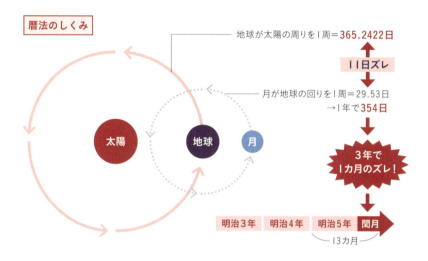

地球が太陽の周りを1周＝365.2422日

月が地球の回りを1周＝29.53日
→1年で354日

11日ズレ

3年で1カ月のズレ！

明治3年　明治4年　明治5年　閏月
13カ月

時間の管理

午砲（ごほう）

時間が24時間制に変わると、政府は時間をわかりやすくするため、江戸城本丸の汐見櫓跡で正午を知らせる午砲をはじめた。その音から「ドン」という呼び名で親しまれたという。昭和4年（1929年）にサイレンに代わるまで用いられた。

辰鼓楼（しんころう）

兵庫県豊岡市出石にある日本最古の時計台。明治4年（1871年）に櫓台が完成し、1時間ごとに太鼓で時を告げていた。明治14年（1881年）に機械式の大時計が寄贈され時計台となり、現在の形になった。

肉食を推進したのは
日本人の体格向上のため

幕末志士が作った維新の作法その八

| 該当する人々 | 皇族 | 役人 | 農民 | 商人 | 町人 |

| 該当する時代 | | 幕末 | 明治 |

ビール、牛鍋、あんパンは文明開化の粋な味

　明治初期、国内では舶来品がもてはやされた。中でも"西洋の味"として日本人に愛されたのが牛鍋である。明治以前にも肉食の習慣はあったものの、まだまだ一般的とはいえなかった。牛肉を鍋に入れた和洋折衷が人気を集め、「牛鍋を食べなければ時代遅れ」といわれるほどのブームになったのである。

　明治の食文化を代表する牛鍋だが、東京に一号店がオープンした明治元年当初は、ゲテモノ食いの印象が強く、まったく客がこなかった。そんな牛鍋がブームとなったのは、日本人好みの味付けや進んで新しいことに挑戦しようという時代の風潮に加え、日本人の体格向上のために肉食を推進した政府の方針もあったためだろう。

　また、ビールやブランデー、シャンパンなどの洋酒も、物珍しさもあって大流行した。中でもビールは国内醸造ブランドが次々と誕生し、より本格的なビールが求められるようになった。そうした時期に創業したのが、キリン、ヱビス、サッポロ、アサヒなど、おなじみのビール会社である。豊富な資金力によってドイツから導入した最新の設備や技術、原料によって本場直伝の味と風味を実現した。ちなみに、日本で初めてビールを醸造したのは、元三田藩の侍医で蘭学者・川本幸民である。

　また、明治2年には、風月堂がパンの製造を開始。同年、文英堂（翌年木村屋と改称）が開店し、のちに大ヒット商品となるあんパンが生まれる。さらに同年には横浜馬車道通りに日本初となるアイスクリームの製造販売がスタート。また、明治5年には風月堂が洋菓子の製造を開始。洋酒入りのボンボンやクリスマス用を想定した飾り菓子などを製造・販売するなど、日本産の西洋の味が各地に登場し、瞬く間に日本人に受け入れられていった。

四章 幕末志士が作った維新の作法

牛鍋とビールのセットが大流行

肉食禁止令がなくなると、牛鍋が一大ブームに。ビールを飲みながら食べるスタイルが初めて日本に導入された。

牛鍋屋の様子

ザンギリ頭の男性が西洋の服を着て、牛鍋を食べながらビールを飲んでいる。その様子をイギリスの画家ワーグマンは「西洋かぶれの日本人」として痛烈に風刺した。

牛鍋

七輪に浅めの鉄板をのせ、中に肉や野菜、タレを入れて食べた。幕末の牛鍋は、牛肉やネギを味噌仕立てに煮込んだ鍋で、時代が進むと醤油味に。大阪では牛肉を焼いて、野菜や醤油を加えて煮立てた「すき焼き」が食べられていた。

ビーフシチュー

西洋料理店でメニューとなったビーフシチュー。牛、鶏、兎、羊などの肉やトマトなどを煮込んだシチューがあったという。

Column

牛肉屋が続々とオープン！

牛鍋のブームがくると同時に牛肉屋が次々とオープン。明治6年頃の浅草周辺で74軒、明治10年には東京都心部に全部で558軒もの店があったという。

お菓子

日本人の口にもあった西洋菓子

甘い西洋のお菓子も大人気に。和菓子と組み合わせて日本人向けに工夫するなど、さまざまな試みが行われた。

アイスクリーム

材料は牛乳・砂糖・卵黄で、値段は当時の通貨で2分。現在の5000円相当になり、富裕層しか食べられない高級食品だった。次第に家庭でも作られるようになり、庶民に親しまれるようになったという。

手回し式フリーザー

筒の中に材料を入れ、氷と塩が入った樽の中で回転させて冷却した。完全に凍らせることは不可能だったので、今日のアイスクリームよりもやわらかく、ソフトクリームのような食感だったという。

西洋菓子

あんパン
明治7年、木村屋（現・木村屋總本店）が「あんパン」を考案。パンになじみのなかった日本人のために、中に餡を入れて和菓子のように工夫したという。

洋菓子
風月堂が明治5年に西洋菓子の製造に乗り出し、ビスケットやシュークリームなどの洋菓子を販売。日本初の洋菓子店として、西洋菓子を日本に広めた。

四章　幕末志士が作った維新の作法

飲み物

西洋の飲み物をいち早く日本に導入

炭酸やお酒が日本に広まり、やがて自分たちで製造するように。今でも飲まれるジュースやお酒はこの時期に伝えられた。

ラムネ

英語の「レモネード」がなまって「ラムネ」になった。当時のラムネ瓶の形はキュウリに似ていたので胡瓜ビンと呼ばれていた。コルク栓を抜くとポンという音がして中身が勢いよく飛び出したので、驚く人が多かったとか。

ワイン

明治10年、日本初の民間ワイン醸造所「大日本山梨葡萄酒会社」が設立。2人の社員をフランスに留学させ、本場のワイン醸造技術を日本に導入した。

氷水（こおりみず）

明治3年頃、函館でとれた天然の氷を外国船で横浜まで運び、氷水が売られるようになった。露店では氷の塊を白い布で包み、打ち砕いてコップに入れ水を注いだものを販売していた。

ビール

明治2年に日本初のビール製造所となる「ジャパンヨコハマブルワリー」が横浜の外国人居留地に設立された。地方ではビールは珍しく、東京に来て初めてビールを飲んだ人はその苦さに顔をしかめたという。

> **Column**
>
> **ラムネを日本に伝えたのはペリーだった**
>
> 嘉永6年(1853年)、アメリカのペリー提督が艦隊を率いて浦賀に来航し、幕府の役人に「炭酸レモネード」を振る舞ったのが最初だといわれている。栓を開けると音がしたので役人たちは驚き、銃声と勘違いして思わず刀に手をかけたというエピソードがある。

政府によってザンギリ頭は強制的に実施された

幕末志士が作った維新の作法 その九

該当する人々 ▷ 皇族 | 役人 | 農民 | 商人 | 町人

該当する時代 ▷ 明治

髷を切るのはやっぱり嫌だった なかなか浸透しないザンギリ頭

明治4年（1871年）、政府は断髪令を布告した。西洋化の一環として、まずは外国人から奇異に見られるちょんまげを切らせたいと考えたのである。しかし、布告はあくまでも奨励である。明治になったからといって、「はいそうですか」と髷を切る日本人は決して多くはなかったようである。

当時、流行した俗謡に「半髪頭を叩いてみれば因循姑息の音がする。総髪頭を叩いてみれば王政復古の音がする。ジャンギリ頭を叩いてみれば文明開化の音がする」という一節がある。「半髪」とは江戸時代以前から続く月代を剃って髷を結った頭のこと。「総髪」は月代を剃らずに髪全体を伸ばして髷を結うか、後ろに撫でつけた髪型。「ジャンギリ」とは散髪（断髪）のことであり、ザンギリとも呼ばれた。文明開化の先端にいる官員や軍人がいち早く髷を落としてザンギリにした一方で、庶民の多くは半髪や総髪、長髷（髷を長くした髪型）や茶せん髷（髷が茶を点てるときに用いる茶せんの形に似た髪型）など思い思いの髪型をしていた。

散髪を推奨するため、各地でさまざまな試みがなされた。愛知県では巡査が各地を巡り、ちょんまげを結っている者を見つけるたびに法令の内容をわかりやすく説明したといわれている。

さまざまな対応策によって政府は散髪の浸透を図ったが、日本人としての長年の習慣を変えるのは容易なことではなかった。しかし、明治6年に明治天皇が散髪したことをきっかけに、髷を切る庶民は次第に増えていった。東京での散髪の割合は明治8年で25％、10年で60％、14年で80％となり、21年頃にはほぼすべての者が散髪したようである。なお、散髪が推奨されたのは男性のみであり、女性の散髪は風俗上の理由から禁止されていた。

四章 幕末志士が作った維新の作法

ザンギリ頭

ザンギリ頭にもいろいろあった当時の髪型

ザンギリ頭とは現代でいうショートヘアのようなもの。中央分けや七三分けなどいろいろな髪型があった。

明治初期の髪型

中央分け
中央で分けた髪型。オランダ人を模倣したという。

総髪なでつけ
オールバックの髪型。江戸時代から髪の毛をポニーテールのように結んだり、うしろに垂れ下げた髪型があったが、それを短くしたもの。

七三分け
前髪を額で左右に七対三に分けた髪型。政府の要人たちがよくしていた。

女性の散髪
女性の散髪は醜いという理由で禁止されていたが、煎茶屋の給仕女たちがよく散髪していたという。

ちょんまげ頭を記念撮影
髷頭を惜しむ人々は、最後にその姿を写真におさめようと写真館に詰めかけたという。

Column

ザンギリ頭だと税金免除!?

現在の福島県では髷を結う髪結いの店に地方税を課し、その一方で散髪屋を無税にして散髪を推奨した。滋賀県ではちょんまげを結っている者に税を課していたという。

幕末志士が作った維新の作法 その十

洋服が輸入されるも庶民は着こなせなかった

| 該当する人々 | 皇族 | 役人 | 農民 | 商人 | 町人 |

| 該当する時代 | | | 明治 |

舶来古着屋で背広やフロックコートを購入した

　政府が散髪とともに推奨した当時の代表的な洋服といえば、「マンテル」と呼ばれたフロックコートと背広だった。

　多くの場合、はじめての洋服の調達は舶来古着屋で行われた。しかし、服の種類と身分の関係、上着とズボンの組み合わせ、TPOに合わせた服選びなどの知識がないまま買い求めるケースが多かった。そのため、ドイツの帽子とフランスの靴を合わせたり、イギリス海軍の上着とアメリカ海軍のズボンを組み合わせたり、サイズの合わない服を着用したりするなど、ちぐはぐなコーディネートが目立ったようだ。当初の日本人の服装センスは、欧米人にさぞ滑稽に映ったことだろう。

　慶応3年刊行の『西洋衣食住』の中で、福沢諭吉はフロックコートをゼントルマンコート（割羽織）と呼び、身分ある人の常服と解説。また背広を丸羽織と呼び、職人の服だが、高貴な者でも自宅のくつろぎ着や屋外で着ると紹介している。

　ところで背広という呼び名の由来は、古着を買う際、その服がオフィサー（官吏・士官）用か、シビリアン（市民）用かを確認する中でシビリアンがシビルと省略され、それが訛ってセビロとなった説が有力とされている。事実、明治初期には背広という漢字は当てられず、「セビロ」や「せびろ」と表記されていた。なお、背広の字が当てられたのは、背中部分は布幅を広くとる裁断法が用いられていたためと考えられている。

　明治も中期に入ると徐々に洋服は人々の間に定着していく。それに伴いフロックコートは儀式用の礼服としてシルクハットと合わせて使用されるようになる。また、背広も男性の通常服として浸透。都市部には日本人の洋服職人を擁した仕立屋がオープンし、大いに繁盛したという。

四章　幕末志士が作った維新の作法

洋服

礼服が和服ではなく洋服になった

はじめは政治家や富裕層しか着なかった洋服だったが、徐々に一般男性も通勤用の服として着るようになった。

正しい洋服の着方

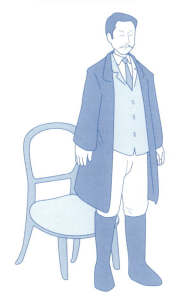

シルクハット
明治初期では持っている人はあまり少なかったが、後期になるとフロックコートと組み合わせてよく使われるようになった。

背広
着丈の長い上着でマンテルとも呼んだ。上着とチョッキとズボンを合わせて三つ揃いとされた。

靴
7つの部分がはぎ合されたため「七つはぎ」とも呼ばれた深靴。横にゴムがついていた。

フロックコート
昼間の正装として着られた着丈の長い上着。ウエストを細く見せるため、うしろの腰部分にパッドを入れたり、手袋用のポケットを内側に作ったりした。

チョッキ
現代でいうベスト。幕末に軍服として採用された。

西洋建築を手がけたのは日本の大工職人

幕末志士が作った維新の作法 その十一

洋風でもない、和風でもない ふたつが混ざりあった独自の建築

　明治時代になって石造りやレンガ造りの西洋式の建築物が作られるようになったが、実は江戸時代末期にも西洋の様式を取り入れた建物が作られていた。それが函館の城郭、五稜郭だ。

　五稜郭は星形の五角形が特徴的だが、これは大砲が発達した16世紀頃のヨーロッパで考えられたものである。西洋兵学を学んだ武田斐三郎が、フランスの築城の書物を参考に設計した。

　こうしていち早く西洋の様式を取り入れた建造物も作られたが、洋風建築が盛んに作られるようになったのは、文明開化がはじまってからである。

　日本で洋風建築を作ったのは、それまで和風建築を手がけていた大工棟梁たちだった。彼らが自分の持っている伝統的な技術で洋風建築に取り組んだため、「擬洋風建築」と呼ばれる、和洋混交形式の建築が生まれた。

　擬洋風建築の代表例としては、明治9年に作られた、長野県松本市の旧開智学校校舎の車寄せがある。東洋的な龍と西洋的な天使が共存する、まさに擬洋風の建物だ。

　明治に作られた洋風建築は学校や官公署、病院などが多かったが、明治11年に山形県の県立病院として作られた旧済生館本館も有名な擬洋風建築である。明治の宮大工たちが建築し、三層楼、十四角形の回廊、手すりの美しい飾り彫りが見事な螺旋階段などが特徴である。

　明治17年に建てられた奈良県の宝山寺獅子閣にも螺旋階段があるが、そのベランダはまるで「清水の舞台」のような懸け造りという建築方法で作られた。

　大工棟梁たちは洋風建築を真似たり、伝統的な技法を取り入れたり、和風と洋風を折衷したりして擬洋風建築を作り上げた。西洋文明を試行錯誤しながら取り入れていた明治初期ならではの建築物だったのである。

四章　幕末志士が作った維新の作法

建築

見よう見まねで作られた和洋折衷の日本建築

擬洋風建物は、ただ西洋の真似をするためだけではなく、文明開化を国民に知らしめるためでもあった。

幕末の建築

星形要塞（五稜郭）
星形の稜堡式城郭。箱館(函館)の五稜郭が代表的。西洋城郭のつくりを模倣してつくられた。星形の先端に砲台を設置し、中心にある奉行所を守ろうとした。

擬洋風建築

明治初期に建てられた和洋混交の建築物。従来の日本の木造建築に西洋や中国の文化要素を取り入れることで、人々に日本の近代化を伝えたという。

横に張った外壁の下見板や、入口のアーチ部分などに洋風建築の特徴が見られる。

車寄せの部分に天使や雲、龍など、繊細で具象的なオブジェが見られる。

木造の螺旋階段。西洋の階段を忠実に再現した。

農村部の人々は後回しにされ近代化の波に乗れなかった

幕末志士が作った維新の作法 その十二

該当する人々 ▷ 農民
該当する時代 ▷ 明治

都市部で文明が開化しても農民の生活はほとんど変わらず

　文明開化で西洋の技術が入ってきても、農村の人々は新時代の恩恵をなかなか受けられなかった。江戸時代と変わらず、農村は台風、冷害、イナゴの大発生などが原因の飢饉に苦しんでいた。秋田県大館地方は江戸時代の1622年から明治2年（1869年）までの間に63回の飢饉に襲われたという。

　日本では明治6年から新暦の太陽暦が導入されたが、農村ではこれまでどおり旧暦で収穫の時期などが決められていた。農村の1年は稲作を中心に進み、夏には1日12〜13時間、冬は10時間も働き、農繁期には夜明け前から日没後まで汗を流した。

　米以外では、アワやヒエ、ソバ、サツマイモなども栽培した。これらは一般の作物が不作でも生育し収穫できる救荒作物と呼ばれ、飢饉に備えるためのものであった。

　このように江戸時代と変わらぬ生活を続けていた農村の人々だが、やがて近代的な農業技術が導入される。今も秋田で続く農業イベントの種苗交換会は、明治11年にはじまったものだ。農村同士が交流し農業技術を教え合う情報交換の場となった。

　明治30年代には、「明治農法」と呼ばれる体系的な稲作りの技術が普及。明治農法は旧来の農業技術を体系化したものの総称で、牛馬耕、田の乾田化での土地改良、土壌や肥料の改良、よい種を選ぶ「塩水選」、害虫駆除などを行って農業を合理化した。

　このような農業の合理化は国や府県が推進したものだが、同時に富国強兵を目指す国は明治6年に租税制度改革の地租改正を行い、徴兵令も公布。地租改正で定められた税は高額であり、徴兵令では大事な労働力である男子が徴収されるなど、明治の近代化は農村にとって決して恩恵だけを与えるものではなかった。

四章 幕末志士が作った維新の作法

農民の暮らし

農業技術は江戸時代から変化なし

明治初期の農民の暮らしは江戸時代とあまり変わらなかった。いつもどおり過ごす農民たちの暮らしぶりを紹介しよう。

明治初期の農村風景

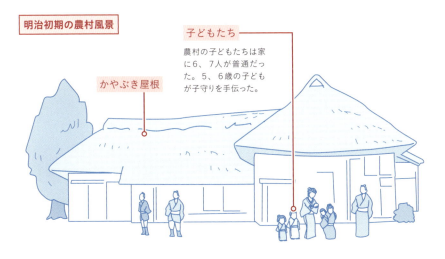

かやぶき屋根

子どもたち
農村の子どもたちは家に6、7人が普通だった。5、6歳の子どもが子守りを手伝った。

糸紡ぎ
冬の農閑期になると、綿や麻、繭糸を紡いで機を織った。明治の中頃まで続いたという。

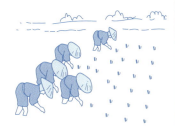

田植え
明治初期は手作業による重労働はまだ続き、新しい農業技術が導入されるのは明治30年代頃から。

Column

外国人が大絶賛した日本の原風景

幕末に出島のオランダ商館に勤務していたフィッセルは、江戸郊外の風景を見て「この地上の天国」と絶賛した。ほかにも日本の原風景に感動した外国人は多く、特にかやぶき屋根の家屋を見て、あまりの美しさに驚いたという。

幕末志士が作った維新の作法 その十三

天下の往来は縁日のように人であふれた

該当する人々　商人　町人
該当する時代　江戸　幕末　明治

ありとあらゆる品物を天秤棒でかついで往来を行き交った

幕末から明治初期に日本を訪れた外国人たちの興味を引いたのは、通りを行き交う行商人たちの姿だった。

行商人たちは、カゴやザルなどを前後にぶら下げた天秤棒を担いで、売り声を上げながら町を歩いて商品を売ったため、「棒手振り」「振り売り」とも呼ばれた。

天秤棒で運ばれたのは、ありとあらゆる品物だった。魚、漬物、豆腐、ところてん、甘酒、果物、飴といった食べ物や味噌、しょうゆ、塩といった調味料はもちろんのこと、薪、ザル、鍋、煙管、箒、花なども扱われた。そのほか、洗濯屋、下駄の歯を直す職人、按摩といった人々も往来をにぎわした。

中には、子どもが回る円盤に向かって吹き矢を放ち、矢が当たった場所によって景品が決まる吹き矢遊びの商売をする人もいた。

屋台も往来をにぎやかなものにした。屋台では当時は庶民のためのファストフードだった寿司や天ぷらなどを食べることができた。そのほか、新聞や茶なども屋台で売られていた。

行商人たちは日常の生活に必要なものを天秤棒で担いで、毎日同じ時間に同じ場所を訪れてくれたため、当時の人々は買い出しなどに出かける必要はなかったという。人々の生活になくてはならないものだったのだ。

棒手振りは家が密集して、人口密度が高かった東京にぴったりの職業だった。特別な技術も要らず、通常の店と違って簡単に開業することができたため、社会的弱者のための商売ともいえた。目が不自由な人は按摩の仕事をしたが、日本を訪れたイギリスの詩人アーノルドも、按摩が自分たちの力で生計を立てていることに感銘を受けたと記している。

天下の往来はいつも縁日のようににぎわっていたのだ。

四章　幕末志士が作った維新の作法

町の様子

大道芸人や子どもたちでお祭り騒ぎに

通りにいたのは行商人だけではない。大道芸人や大人から子どもまで、あらゆる人たちが集まる憩いの場でもあった。

にぎわう通りの様子

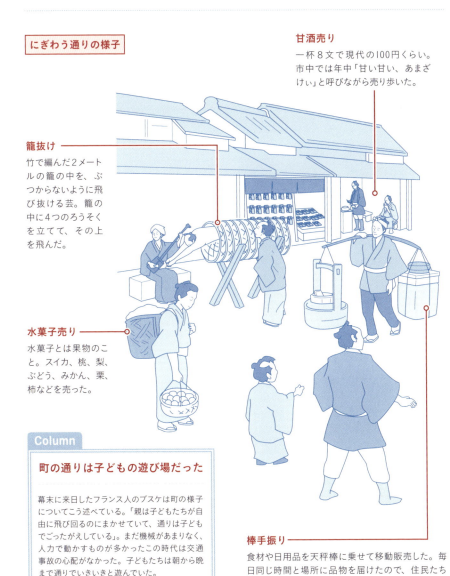

甘酒売り
一杯8文で現代の100円くらい。市中では年中「甘い甘い、あまざけぃ」と呼びながら売り歩いた。

籠抜け
竹で編んだ2メートルの籠の中を、ぶつからないように飛び抜ける芸。籠の中に4つのろうそくを立てて、その上を飛んだ。

水菓子売り
水菓子とは果物のこと。スイカ、桃、梨、ぶどう、みかん、栗、柿などを売った。

棒手振り
食材や日用品を天秤棒に乗せて移動販売した。毎日同じ時間と場所に品物を届けたので、住民たちは食品の買い出しの必要性がなかったという。

Column

町の通りは子どもの遊び場だった

幕末に来日したフランス人のブスケは町の様子についてこう述べている。「親は子どもたちが自由に飛び回るのにまかせていて、通りは子どもでごったがえしている」。まだ機械があまりなく、人力で動かすものが多かったこの時代は交通事故の心配がなかった。子どもたちは朝から晩まで通りでいきいきと遊んでいた。

| 道具類 | ## 手作りの日用品をたくさん販売 |

通りの売り出しものは食べ物だけではない。台所用品を天秤棒にたくさんぶらさげた面白い風景が見られた。

鍋屋
鍋屋や鍋蓋など台所用品を売った。ただし当時の庶民はモノが壊れても修理して使うことのほうが多かった。

ザル・味噌こし
大小さまざまなザルやカゴを天秤棒にくくり付けて売った。「ザルや味噌こし」と売り声を出しながら売り歩いた。

箒売り
3種類の箒を担ぎながら、客の古い箒を新しいものに交換して売り歩いた。

Column
ウインドウショッピングも盛んだった

商品を売り歩く行商人たちだけではなく、通りの両脇に並ぶ店の数もとても多かった。日本に来た外国人は、店に置いてある商品の多さと、品質の良さに圧倒されたという。

四章　幕末志士が作った維新の作法

通りの様子

何でもあったバラエティあふれる大通り

ファストフード店やマッサージ師など、大通りにはいろんなお店や職人たちがいた。

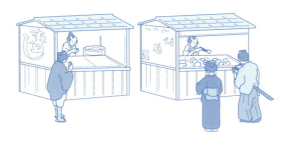

屋台
寿司や天ぷら、蕎麦などが現代のファストフード店のように屋台で売られていた。手軽に立ち食いできて、庶民から大人気だった。

洗濯屋
ふつう家で洗濯をしたが、大物などは洗濯屋に預けた。洗濯物を回収しながら歩いた。

按摩（あんま）
幕末に活躍した盲人のマッサージ師。笛を吹きながら通りを歩いた。もともとは中国の手技療法だが、視力が必要ない技術のため、盲人の職業として江戸時代から広く日本に普及した。

> **Column**
> **お寿司は庶民のおやつだった**
>
> 江戸時代後期に登場した「握り寿司」。人々は小腹が空いた時におやつ感覚で寿司を食べていたという。当時はまだ冷凍技術が乏しく、ネタは醤油漬けにするのが一般的だった。エビ・コハダ・玉子・たい・あじなどが人気で、気軽に食べられるファストフードとして人気だった。

行燈から石油ランプに代わって明るさは倍増した

幕末志士が作った維新の作法 その十四

該当する人々 ▷ 皇族 役人 農民 商人

該当する時代 ▷ 江戸 幕末

行灯から石油ランプ、ガス灯そして電気の照明の時代へ

江戸時代には菜種油などを燃料とする行灯が使われていたが、幕末から明治時代に「洋灯」とも呼ばれた石油ランプが海外から伝わった。石油ランプは行灯よりも格段に明るく、石油ランプが普及すると、行灯は姿を消していった。だが、石油を買えない貧しい農村では明治に入っても松の木を使った灯りなどに頼っていたという。

当初、ランプは輸入品ばかりだったが、明治5年（1872年）頃から国内でも製造されるようになる。天井から吊るす吊りランプ以外に、日本人の床に座って生活するスタイルに合わせて、床に置く置きランプ（台ランプ）も作られた。

同年には、日本初のガス灯が横浜で点灯し、2年後には東京でもガス灯が作られた。明治11年（1878年）に再開場した歌舞伎の新富座には、ガス灯などの近代設備があり、そのイルミネーションが人々をひきつけたという。場内には約270個のガス灯があり、夜間興行も行われた。

その1年後にトーマス・エジソンが白熱電球を発明。照明においては電気がガスの席を奪い、ガスは燃料として使われるようになっていく。日本でも、明治15年（1882年）に銀座に電灯の一種であるガス灯より明るいアーク灯が点灯した。

明治19年（1886年）には東京電燈が開業し、翌年には電気の供給を開始。以降、神戸、大阪、京都、名古屋でも電力会社が作られた。明治23年（1890年）には日本初の国産電球が製造される。電気の時代が到来していた。

電気の照明器具が普及すると石油ランプは次第に使われなくなったが、地方の農村では1960年代でもランプは現役だった。仏壇で線香に火をつける際に便利だったため、ランプが使われ続けたのだ。

四章 幕末志士が作った維新の作法

照明

日本初のイルミネーション

ランプからガス灯、そして電灯へ。夜の街並みのイルミネーションは、明治初期の人々をまたたくまに魅了した。

置きランプ（台ランプ）
最初に使われた石油ランプ。西洋の卓上ランプを、床に置いても明るくなるように改良したもの。ランプ台の箱の中にランプを収納することができた。

吊りランプ
天井から吊るすランプ。油壺に石油を入れて、油を吸った芯に火をつける。ガラス製のほやで風で消えてしまうのを防いだ。

ガス灯の点火
明治7年(1878年)にガス灯が東京で点火。地中にあるガス管からガスを送り、点火夫は夕方に点火棒で火をつけて、朝になると消灯した。

159

> 幕末志士が作った維新の作法 その十五

風紀を乱す混浴は、禁止しても止められなかった

該当する人々 ▷ 農民 商人 町人

該当する時代 ▷ 江戸 幕末

外国人が驚いた男女の混浴と裸で出歩く日本人の習慣

　人気浮世絵師・歌川国貞の有名な作品に、正月の銭湯の番台を描いた「睦月わか湯乃図」があるように、江戸の人々は銭湯を愛用していた。

　幕末に日本を訪れた外国人たちはそんな銭湯のことを知って、「日本の女性たちは男性の前で恥じらいもなく裸になる。どういうことだ!?」と大いに驚いたという記録が残されている。当時の銭湯は混浴だったのだ。

　寛政3年（1791年）に混浴禁止令が出されるなど、たびたび混浴は禁じられた。だが、混浴禁止の実態は、浴槽に麻ひもを張って境界線を作ったり、板の敷居の衝立で区切った程度のもので、庶民は相変わらず混浴の風呂を楽しんでいたらしい。

　「混浴が女性の貞操を危うくすると日本人は考えていない」と判断したアメリカの外交官ハリスや、「混浴が習慣になっている日本人にとって、これは恥ずかしいことでも、悪いことでもない」と考えたドイツの考古学者シュリーマンのような人物もいたが、「若い男女に道徳上の悪い影響はないのか？」と困惑するイギリス将校トロンソンのような外国人も多かった。

　日本の風習を珍しがった外国人たちだが、日本人も外国人を珍しがった。日本橋にはオランダ人用の宿があったが、外国人をひと目見ようと庶民が屋敷を取り囲んだ。安政5年（1858年）に来日したイギリス人オリファントが銭湯の前を歩いていると、オリファントを見ようとした人たちが裸のまま飛び出してきて彼を取り囲んだという。このような体験をしたのはオリファントだけではなかったようだ。

　明治初期でも、湿度の高い梅雨や夏の時期には男も女も屋外で行水を楽しんだ。裸で外に出ることも、裸を見られることも、現代の我々とは羞恥心を感じる点が違っていたようだ。

四章　幕末志士が作った維新の作法

男女混浴

きれい好きだった日本人たち

庶民たちは1日の終わりに必ず銭湯で体を洗っていたという。家でも夏場は汗や埃をとるためによく行水を行った。

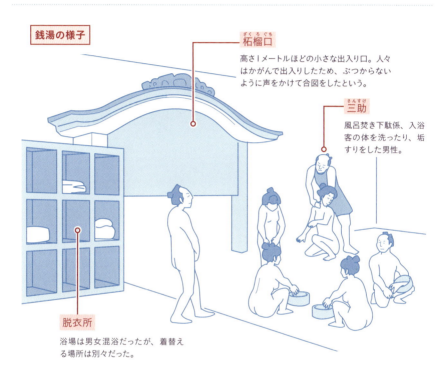

銭湯の様子

柘榴口（ざくろぐち）
高さ1メートルほどの小さな出入り口。人々はかがんで出入りしたため、ぶつからないように声をかけて合図をしたという。

三助（さんすけ）
風呂焚き下駄係、入浴客の体を洗ったり、垢すりをした男性。

脱衣所
浴場は男女混浴だったが、着替える場所は別々だった。

行水
銭湯で体をきれいにするだけではなく、夏場は家で行水をした。江戸時代から続く習慣で、当時は工事などで常に埃っぽい環境だったためこの習慣が生まれたという。

Column

湯船に入るときのマナー

当時の銭湯は性別も身分も関係なく誰でも入ることができた。そのため湯舟に入るときは「田舎者でござい（不調法なものですみません）」「冷者（ひえもの）でござい（体が冷たくてすみません）」など、周りの迷惑にならないよう声をかけるのが当たり前だった。

161

| 幕末志士が作った維新の作法 その十六 |

牛乳の保冷技術がなかったため、東京は牧場だらけだった

該当する人々 ▷ 皇族 役人 農民 商人 町人　　該当する時代 ▷ 明治

東京の中心部に牧場が作られ、数千頭の乳牛が飼われていた

　時代が江戸から明治へと変わり、文明開化の世になると人々は牛乳を飲むようになった。明治4年（1871年）には明治天皇も牛乳を飲んでいる。

　酪農というと北海道のイメージが強いが、実は北海道に札幌農学校が開校された明治9年よりも早く、東京には牧場が開かれていた。明治6年には都心部に7つの牧場があったのだ。

　なぜ、都会である東京に牧場が作られたのか？　理由のひとつとして、牛乳が旧士族にとって新しい商売になったということがある。明治になって諸大名の江戸屋敷が払い下げられたが、その土地は農場のほか、牧場としても利用された。そこで作った牛乳を使って、政府関係者や財界の人間、旧藩士は出資者もしくは経営者となって乳業に関わっていった。戊辰戦争で戦った榎本武揚、明治政府の最高指導者になった山縣有朋、東京府知事でもあった由利公正らが乳業の出資者や事業主として知られている。

　もうひとつの理由としては、当時の技術的な問題もあった。交通網が発達しておらず、牛乳を保冷する技術もなかったため、都心部の人々に牛乳を届けるためには、人々の住まいのすぐ近くで牛を飼うしかなかったのだ。牧場のすぐ近くに販売所が作られ、搾りたての牛乳を販売・配達していた。明治10年頃はブリキ製の缶で牛乳を配達したが、20年頃にはガラス瓶が使われるようになった。新しいもの好きの江戸っ子たちは牛乳を飲み、明治32年にはなんと3000頭もの乳牛が東京で飼育されていたという。

　しかし、明治33年に内務省が「牛乳営業取締規則」を公布する。この規則により、人が多く住む場所で牧場を営むのは不衛生ということで、牧場は移転。酪農の中心は東京の中心部から郊外の多摩地域へと移っていった。

四章　幕末志士が作った維新の作法

牛乳

都心で搾りたての牛乳を

日本人にはもともと牛乳を飲む習慣がなかったが、酪農が導入されることで徐々に牛乳が人々に浸透していった。

牛乳の配達

ブリキ缶　　　ガラス瓶

初期は、配達人が牛乳の入ったブリキ缶を持って家庭を訪問し、客が渡した容器に入れてはかり売りしていた。明治10年には小さめのブリキ缶を配達するようになり、明治20年頃にはガラス瓶が登場。大きな入れ物にガラス瓶を入れて配達した。

牧場

牛乳の販売所と牧場は同じ敷地にあった。牛乳の値段は、当時の日本酒1升（約1800ml）に相当する値段で、かなり高額だったという。

都心にあった牧場

北辰社牧場

明治初期に榎本武揚が創設した牧場。千代田区飯田橋にあった。最盛期には約50頭の乳牛が飼育されていたという。

新聞は毎日発行されるものではなかった

幕末志士が作った維新の作法 その十七

該当する人々 ▷ 皇族 役人 農民 商人 町人

該当する時代 ▷ 明治

政治や事件、ゴシップ、物語まで庶民向けにも作られた新聞

　明治の文明開化の時代には新しいものが次々と日本に入ってきたが、新聞もそのひとつである。

　明治3年（1870年）には日本初の日刊紙である「横浜毎日新聞」が創刊されたが、実はこれ以前から日本で新聞が作られていた。幕末にはオランダの植民地だったバタビア（現在のインドネシア）の新聞を日本語に翻訳し、海外情報を掲載した『官板バタビヤ新聞』を幕府が刊行した。これが日本における最初の新聞とされている。

　そのほか、海外の新聞を翻訳したものとして、元治元年（1864年）に『海外新聞』が横浜で創刊されている。この『海外新聞』を創刊した翻訳家・貿易商の浜田彦蔵は「新聞の父」と呼ばれている。

　こうしてはじまった新聞の歴史だが、当初は和本のような体裁で、発行も週刊や3日ごとなどと雑誌との区別があいまいだった。本格的な日刊紙の時代は、明治5年（1872年）に創刊された『日新真事誌』『東京日日新聞』『郵便報知新聞』によってはじまったとされる。

　明治初期の新聞は、知識人向けの「大新聞」と大衆向けの「小新聞」に分けられた。識字率が低い時代であったため、小新聞は俗語とふりがなを用いて、娯楽記事も載せて庶民も楽しめるものとした。明治7年創刊の読売新聞も、明治12年創刊の朝日新聞も小新聞だった。なお、小新聞という呼び名の由来は、大新聞よりも小さいサイズにあり、値段も安かったことによる。

　新聞は駅の売店などで売られたほか、新聞が読める「新聞縦覧所」も設けられた。公費で新聞を買い上げ、人々が読めるようにした施設で、有料と無料の場所があった。こうした施設も新聞の普及に役立ったが、新聞の販売網が広がると衰退していった。

四章　幕末志士が作った維新の作法

新聞の誕生

いろんな人向けに作られたさまざまな新聞

新聞は内容が難しいイメージがあるが、当時からイラストを用いて解説するなどさまざまな工夫がなされた。

新聞縦覧所
新聞が読めるところで、新聞の普及のために設けられた。新聞を読める茶屋では2厘（約40円）の料金がかかったところもあったという。

当時の新聞
洋紙に両面刷りされた新聞で、活版で印刷された。紙のサイズは時代や紙の種類によって異なり、明治5年の新聞は約335×485mmだった。

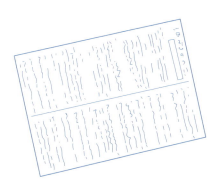

大新聞と小新聞
政治の内容を中心とした「大新聞」に対し、庶民向けに娯楽用として作られた「小新聞」。大新聞のサイズは405×546mm、小新聞はその半分の273×406mmで、値段も半額だった。

錦絵新聞
明治5年から10年（1872〜1877年）までに発行された色刷り新聞。一般の新聞記事を題材に、浮世絵版画の絵と読みやすい簡単な言葉で解説した。事件やゴシップ、怪異譚などが題材とされ、庶民に大人気だった。

御雇外国人の月給は労働者の209倍だった

幕末志士が作った維新の作法 その十八

日本に西洋の技術や知識を伝えた外国人の専門家たち

明治初期、「御雇外国人」と呼ばれる外国人たちが日本に招かれた。進んだ西洋の技術や知識を取り入れるため、専門家たちをヨーロッパやアメリカから招いて雇用したのである。

政府だけでなく、民間企業も多くの外国人を雇った。御雇外国人の専門分野は多岐にわたり、富国強兵につながる学術や技術以外に、芸術・宗教などの分野の専門家も招かれていた。当時の日本が西洋文明全体を学ぼうとしていたことがうかがえる。

御雇外国人の月給は、大蔵省造幣寮首長を務めたイギリス人のトーマス・キンドルが1045円。当時の東京府知事の月給が333円、銀行員の初任給が35円、労働者の月給が5円であり、キンドルは非常に高額の俸給を得ていた。キンドルの待遇は御雇外国人の中でも最高級のものだが、外国人は総じて高収入だったという。

代表的な御雇外国人としては、以下のような人物がいる。日本の地質学の研究に貢献した、ドイツの地質学者エドムント・ナウマン。大森貝塚を発掘したアメリカの動物学者エドワード・モース。札幌農学校で学生たちを指導したウィリアム・クラーク。

大量生産できる現代的な本の印刷・製本技術もイギリス人のパターソンによってもたらされた。その、高度な技術によって和本にかわって洋本が普及したのだ。

御雇外国人は技術や知識を伝えたが、ナウマンが日本でナウマン象の化石を発見し、モースは大森貝塚を発見するなど、日本で彼ら自身が重要な学術的発見をすることもあった。日本文化に魅力を感じ、日本国籍を取得して日本に残ったラフカディオ・ハーンのような者もいた。御雇外国人は日本に影響を与えたが、日本から影響を受けた人たちもいたのである。

四章　幕末志士が作った維新の作法

御雇外国人

今ある技術はほとんど西洋から取り入れた

造幣や農業、印刷、法律などを日本に伝えたのは御雇外国人たちだった。彼らは具体的に何を教えてくれたのだろうか。

[御雇外国人の職種]

農学教育
牧場をひらき、農地開拓や飼育管理、品種改良、西洋式農具の使い方などを指導。バターやチーズの乳製品などの製造も行った。

印刷・製本技術
近代化に向けて情報を国民にすみやかに伝えられるよう、大量生産できる西洋の高度な印刷・製本技術を取り入れた。

造幣技術
日本で流通していた小判や銀貨など貨幣の純度は不安定だった。そこで、西洋の造幣技術を導入。金属の精錬技術や炉を造る指導を行った。

英語教育
学制制度がはじまると、英語は学校の正式教科となり、多くの外国人を英語の教師としてむかえた。

法学教育
法学の学者たちは、憲法の基本方針や憲法草案の作成に取り組んだ。また、大学で西洋法学の教鞭をとり、法学指導を行った。

地質学教育
地質学の学者たちは、地震の研究やナウマン象の化石の発掘にも貢献し、日本の地質学の基礎を構築した。

幕末志士が作った維新の作法 その十九

新政府は女性の社会進出を後押しした

| 該当する人々 | 役人 | 農民 | 商人 | 町人 |

| 該当する時代 | | | 明治 |

時代の変化で生まれた新職業に女性たちが次々と進出した

明治は女性が社会進出した時代でもあり、それを支えたのは教育だった。明治5年（1872年）に文部省が出した「学事奨励に関する被仰出書（おおせいだされしょ）」は近代的な教育理念を示したもので、女子の初等教育の機会均等も重視していた。

政府は教育水準を上げるため、全国に小学校を設置。教員の数が不足したため、子どもの教育には女性が適しているという考えから、明治7年に女子師範学校を創立して女性の教員を養成。女性なら低賃金で雇えるという背景もあったが、これが女性の社会進出につながった。

明治の尋常（じんじょう）小学校、高等小学校の授業では、女子は男子と同じように習字、算数、そろばん、体操の授業を受けたが、女子だけの授業として裁縫、洋裁の授業もあった。

前述した女性教師のように、女性たちは社会の変化に伴って生まれた新しい職業に就いた。その代表例が電話回線の接続を行う電話交換手である。明治23年（1890年）に日本で電話が開通すると、郵便や通信を管轄する逓信（ていしん）省は、電話交換手として女性を積極的に採用。通信省には交換手だけでなく、女性の判任官（下級官吏）もいた。

西洋医学が日本において発展すると、看護婦も活躍。明治18年（1885年）には、日本初の看護師教育機関として有志共立東京病院看護婦教育所が設立された。同年には日本人の（国家試験で資格を得た）女医第1号である荻野吟子（おぎのぎんこ）が医院を開業している。

女性の社会的変化には、髪型にも表れた。昔ながらの日本髪を結った女性も多かったが、西洋の影響により簡単に髪を結える束髪（そくはつ）を推進する婦人束髪会が明治18年に設立。手間のかかる日本髪と違って軽快な束髪は、新しい時代の女性にふさわしく、全国的に流行した。

四章 幕末志士が作った維新の作法

女子の教育

家庭的な知識を学んで女子力をアップ

学制制度により、男女ともに学校に通いはじめるようになった。そこでは女子だけの特別授業があった。

洋裁・裁縫
家庭における婦人の生活を基礎として、縫い方や裁ち方など、裁縫の授業を行った。時代が進むとミシンが導入され、洋裁の授業も進められた。

体育
当時の体育は体操が行われ、リズムに合わせてポーズをとる運動をした。健康や優美さを求め、ダンベルやバーを持ちながらの体操を教える学校もあった。

音楽
江戸時代までの音楽は琴や三味線の稽古が一般的だった。明治初期になると、欧米の音楽教育を取り入れ、欧米の童謡に日本語の歌詞をつけた「蛍の光」や「ちょうちょう」などが歌われた。

女性の職業

女性でも社会で活躍できる時代に

女性だからこそ必要とされ、活躍できる職種が誕生。芸術の分野でも幅広く貢献した。

教師
子どもの教育には、子どもの世話に慣れている女性のほうが適しているという考えや、男性よりも低賃金で雇えるといった理由もあって女性の教員が必要とされた。

電話交換手
当時の電話は今とは違い、電話をかける相手に回線をつなげる電話交換手という人たちがいた。

芸術家
作家や歌人、音楽家、画家など、芸術の分野で活躍する女性たちが登場。明治33年には女子美術学校が創設された。

看護婦
西洋医学が導入されたことで看護婦が必要とされるように。政府は看護学校を設立し、看護婦の育成に力を入れた。

> **Column**
>
> ### ナイチンゲールになった幕末の女性志士・新島八重
>
> 「幕末のジャンヌダルク」と呼ばれた新島八重は、戊辰戦争後に同志社英学校を設立。夫の新島襄が亡くなると、福祉活動に目を向け日本十字社に入社した。看護学校の助教授として指導しながら日清日露の戦時中は篤志看護婦として兵隊の看護にあたり、民間女性初の功績者として受賞された。

170

四章　幕末志士が作った維新の作法

女性の髪型

和服にも洋服にも似合う髪型が大流行

当時の女性たちは西洋のヘアスタイルを積極的に取り入れ、和洋の入り交じった髪型が次々と誕生した。

日本髪

桃割れ
後頭部で髪を二つの輪にして、桃を割ったような髷が特徴的。16〜17歳頃の下町の少女に人気があった。

銀杏返し
10代後半〜20代の女性に結われた髪型。髷を2分して半円系の輪をつくり、毛先を根に結んだ。

丸髷
既婚女性の髪形。楕円形の型を髷の中に入れて丸型の髷に結い上げた。髷の中に飾りの布を入れて、年齢によって色が違った。

束髪

マガレイト
日本初の三つ編みの髪型。三つ編みに結った髪を輪っかにした。リボンや花を飾る新しさもあり、若い女性の憧れとなった。

西洋下げ巻
長い髪の毛を巻きながら後頭部の下の位置でドーナツ状にまとめた髪型。上の位置でまとめると上げ巻という。

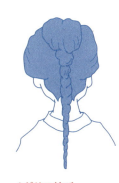

イギリス結び
後頭部で三つ編みを長く結った髪型。これを輪っかに結ぶとマガレイトになる。

幕末志士が作った維新の作法 その二十

海水浴はレジャーではなく医療目的で行われた

該当する人々 ▷ 皇族 役人 農民 商人 町人　　該当する時代 ▷ 　　　　明治

海水浴は医療目的からはじまりやがて大衆の間で行楽化した

　日本は海に囲まれているが、日本人に行楽として海で泳ぐという習慣はなかった。武芸のひとつとして武士は泳ぎを身につけたが、海ではなく川で泳ぐのが一般的だった。

　日本人が海に入るのは泳ぐためではなく、海水を浴びて病気を治療しようという考えからの行為で、「潮湯治(しおとうじ)」「潮浴び」などと呼ばれた。海水が病気療養によいと思われていたのである。

　海で泳ぐ海水浴は、文明開化の時代に西洋から日本に入ってきたが、西洋においても海水浴には医療効果があると考えられていた。医療としての海水浴が日本に伝わったのだ。

　日本で最初の海水浴場は神奈川県の大磯(おおいそ)海岸だが、ここに海水浴場を作ることを勧めたのは徳川幕府の将軍侍医の松本良順(りょうじゅん)だった。医師が海水浴場作りについてアドバイスしていることからもわかるとおり、明治において海水浴と医療は強く結びついていたのだ。

　明治20年代に入って富国強兵が重視されるようになると、強い身体を作ることを目的として、海水浴も行われるようになった。産業が発展し河川が排水で汚染されたという事情も、海での水泳を後押しした。

　こうした流れの中で、大衆の間で行楽としての海水浴が生まれる。明治20年代から鉄道網が整備され、鉄道会社が海水浴場での行楽を宣伝しただけでなく、鉄道会社自身も海水浴場や周辺施設を作ったことが、海水浴の行楽化に拍車をかけた。もともと、海浜は政府高官の別荘や保養地として使われていたため、庶民の間には憧れがあり、海水浴はブームになったのである。にぎわいを見せる明治の海水浴場では、風紀を守るという名目で海の中に網を引いて男女の泳ぐ場所を分けたり、肌の露出が激しい女性の水着を規制したという史実も残っている。

四章　幕末志士が作った維新の作法

今とはまったく違う海水浴の入り方

当時の海水浴は海で楽しく泳ぐのではなくゆっくりと浸かった。そのやり方や水着などにも注目してみる。

海水浴（潮湯治）の様子

当時の海水浴は、波で体に刺激を与え、海辺のきれいな空気を吸うことが目的だった。海中の岩の隙間に差してある鉄棒につかまって海水に浸かった。

水着

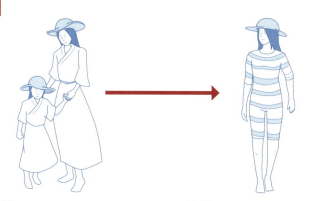

明治初期
上は着物の下着として使われていた白くて薄い肌襦袢（はだじゅばん）のようなシャツ、下は足首まで隠れるネグリジェのような白いスカートが当時の水着だった。

明治中期
ニット生地の長袖で前にボタンが付き、長さが膝くらいまであるパンツのワンピースタイプ。シマウマ模様の水着が流行し、「縞馬（しまうま）」と呼ばれていた。

混雑を避けるため、図書館は途中で有料にした

幕末志士が作った維新の作法 その二十一

該当する人々 ▷ 皇族 役人 農民 商人 町人
該当する時代 ▷ 明治

現在の国会図書館につながった日本で最初の近代的図書館

日本で初めての近代的な図書館は、明治5年（1872年）に文部省博物局が湯島聖堂内に開いた「書籍館」である。

書籍館は旧昌平坂学問所（江戸幕府直轄の学校）の大成殿に開かれたので、旧昌平坂学問所の書籍、そして旧大学南校（政府直轄の洋学校）の洋書などを蔵書としておさめた。それらの蔵書の閲覧は「貴賤ヲ論ゼズ」として許可されていた。今の図書館と同じく無料で利用することができ、開業時間は午前9時から午後10時までと、長時間の運営がなされた。

明治7年（1874年）に蔵書を浅草に移して「浅草文庫」と改称する。翌年に改めて旧昌平坂学問所大成殿に場所を戻し「東京書籍館」が開かれた。西南戦争での財政支出削減で一時閉館するが、東京府に移管されて「東京府書籍館」と改称。その後再び文部省の所管となり、名称も「東京図書館」となった。

明治18年（1875年）に東京図書館は湯島から上野公園内に移り、書庫と閲覧室を備えた。上野に移ったため、「上野図書館」という通称で呼ばれることもあった。混雑を緩和するため、1回1銭5厘の料金をとる有料制を導入。有料制の影響で一時利用者が減ったこともあったが、やがて開館と同時にすぐ満員になる盛況となった。

明治30年に「帝国図書館官制」が交付されて、東京図書館は「帝国図書館」へと発展した。この帝国図書館で初めて司書が置かれることとなった。この帝国図書館が第二次大戦後に国立国会図書館になっている。

一方、日本初の民間の図書館は、教育団体の帝国教育会が明治20年に一橋に開いた書籍館だといわれている。この書籍館は医学図書館、仏教図書館、ギュスターヴ・エミール・ボアソナードのボアソナード文庫などが併置され、充実した図書館だったという。

四章　幕末志士が作った維新の作法

| 図書館 |

当時の図書館もおしゃべり厳禁

学生たちがたくさんいる様子は今でもあまり変わらない。当時は照明が電灯で、音読をする人たちがいた。

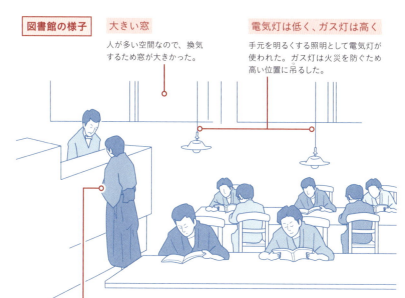

図書館の様子

大きい窓
人が多い空間なので、換気するため窓が大きかった。

電気灯は低く、ガス灯は高く
手元を明るくする照明として電気灯が使われた。ガス灯は火災を防ぐため高い位置に吊るした。

係員に閲覧証を渡す
入口で求覧券を買い、看守所で閲覧証と交換した。本を閲覧したいときは目録から選んで係員に渡し、呼ばれるのを待った。

音読禁止
明治20年代以前は、音読して読書することが普通だったが、周囲の迷惑行為になるため禁止されていた。

新聞閲覧台
図書館には全国の新聞が置かれ、自由に閲覧できた。新聞だけ読みに来る人も多かったという。図書館がない地域では、新聞縦覧所があり、そこで新聞を読んだ。

Column

利用者の8割が学生だった！

図書館の利用者に学生が多い理由は、明治初期は東京に移住して就学する青少年の数が急激に増加したため。上京遊学が盛んな時期で、当時の遊学ガイドブックには図書館がオススメと紹介されている。現代の高校生たちが受験勉強のため図書館を利用しているが、この風景においては明治時代と変わらないようだ。

column ④

江戸の9割以上が喫煙者だった

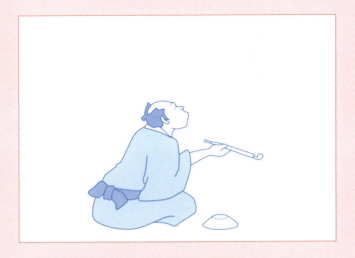

男性も女性もプカプカ吸いまくり！

ポルトガルから煙草が伝来したのは室町時代末期あたりといわれ、幕末期には江戸市中に多くの煙草屋が軒を連ね、老若男女が嗜んだ。当時は刻み煙草で煙管を用いていた。その火種が火災の原因になることから幕府は何度も禁令を出すものの、喫煙率は高まるばかり。文政3年（1820年）に出版された文筆家・三河屋弥平次（みかわやへいじ）の『狂歌煙草百首（きょうかたばこひゃくしゅ）』によれば、その信憑性はともかく、江戸の喫煙率は98％を超えていたといわれる。最後の将軍・徳川慶喜が煙管を手に持つ写真が残っており、坂本龍馬も「中江の兄さん、煙草を買ってきておうせ」と、のちの思想家・中江兆民（なかえちょうみん）に声をかけたとか。男のみならず女の喫煙者も多かったことが、当時の絵などからうかがいしれる。

幕末に活躍した女性たちと、お払い箱となった武士

　男の活躍ばかりが目立つ幕末だが、それを陰で支えていたのが女性たちである。その中でも、目覚ましい活躍を見せた7人の女性を紹介する。また、幕末に活躍した武士たちは、近代化を推し進める日本にとって邪魔な存在となっていく。最後まで戦いぬいた武士たちの終焉をたどっていく。

国難に立ち向かったのは志士だけにあらず

幕末に活躍した女性たち

幕末という騒乱の時代、奮闘していたのは男性だけとは限らない。女性たちも同様に、己の信念や愛する者のために命を賭して戦っていた。

和宮

朝廷と幕府を協調させて政治体制を立て直そうとした公武合体運動により、14代将軍徳川家茂と政略結婚をさせられる。皇女が武家に嫁ぐことは、日本史上和宮だけであり、異例の結婚だった。はじめは結婚を拒んでいたが、家茂の優しさに心を開き、家茂の死後も徳川家に尽くした。

大奥での嫁姑問題

大奥を仕切っていた天璋院とは、嫁と姑のような関係で仲が悪かった。しかし、その後徳川家に危機が迫ると、江戸城を守るため共に協力し合う。明治維新後2人は和解した。

天璋院／篤姫
てんしょういん　あつひめ

薩摩藩主・島津斉彬の養女。次期将軍を徳川慶喜にするため、13代将軍徳川家定と政略結婚した。しかし、家定は結婚後2年で病死し、工作は失敗。その後も徳川の人間として江戸城無血開城に尽力し、功績を残した。

生まれ持った聡明さ

篤姫は幼い頃から頭がよく、書も抜きんでて達者だったという。

お龍

坂本龍馬の妻で、幕吏の急襲をいち早く伝えたり、出血多量で薩摩屋敷に逃げ込んだ龍馬を寝ずに看病したりと、何度もピンチを救った。龍馬が国事に翻走する間、長崎の小曽根家に寄留し、龍馬の帰りを待ち続けた。

龍馬を救った勇気と行動力

幕吏の急襲の際、敵の気配を感じて裸のまま風呂を飛び出し、龍馬に知らせた。

おうの

下関裏町の三味線芸者で、高杉晋作の愛人。源氏名を「紫」に由来する「此の糸」といった。純情で大人しい性格だった彼女は、晋作に束の間の心の安らぎを与えていた。晋作の死後、剃髪して尼僧になって晋作の菩提を弔った。

愛人と正妻の意外な関係

晋作の正妻・雅子とおうのは、手紙のやり取りをしたり、高杉家に滞在するほどの仲だった。

新島八重

新政府軍が会津に攻め込んできた際に、鶴ヶ城で戦った女銃士。鳥羽・伏見の戦いで戦死した弟の着物、刀などの形見を身につけ、主君と弟のために攻め入る兵を銃で撃ち倒した。

最新型のスペンサー銃

八重が使っていた銃は、アメリカで開発されたばかりの七連発できるものだった。

松尾多勢子

尊皇派女性志士として活躍。豪農に嫁ぎ、主婦の務めの傍ら歌を詠み、学問を学んだ。攘夷運動のために52歳で上洛し、維新十傑のひとり・岩倉具視にスカウトされる。命を狙われていた岩倉を助けたり、市中で得た最新情報を岩倉に伝えたりと活躍。維新後は家政を任された。

就職先を求めて人が殺到

維新後、岩倉の家政を任されていた多勢子を頼って就職活動する者も多かった。

木戸松子

木戸孝允の妻。踊りと笛が得意で、才色兼備な売れっ子芸者だった。木戸と共に暮らしても芸者をやめず、その立場を利用して情報を集め、木戸のために働いた。維新後、幕末の荒波を乗り越えた二人は正式な夫婦となった。

ご飯を届けるのも命がけ

潜伏する孝允のため、変装し、真夜中に握り飯を届けた。

明治は武士の存在を認めなかった

お払い箱となった武士たち

約250年続いた江戸幕府が滅亡し、中央集権化を目指す新政府が誕生。新政府がまず行ったのは武家政権による藩体制の解体だった。

新政府の体制

版籍奉還と廃藩置県
政府は藩という体制はそのままに、領地と人（戸籍）を朝廷に返上させた。これを版籍奉還という。藩主は知藩事となり藩政をそのまま続けた。しかし2年後、政府は全国に200以上あった藩をなくして府と県を設立。この廃藩置県で、藩主だった知藩事は失職。地方には政府が任命した府知事や県令を送り込んだ。

廃刀令

政府は国を守る軍事力をつくるため徴兵令を発布し、国民皆兵制度を導入。さらに武士の特権や身分制度をなくし、四民平等な社会を目指すため、武士のシンボルだった帯刀を禁止した。

士族の商法

秩禄処分により、多くの士族たちが生計を立てるため商売をはじめるようになった。しかし、はじめたばかりの商売に失敗し、没落する者がほとんどだった。庶民からは笑われ、士族たちの不満はどんどん高まっていった。

外交問題を利用した政府の策略

高まりつつある士族の不満のはけ口に頭を悩ませていた新政府は、国外との問題に目を付けた。その策略とは……?

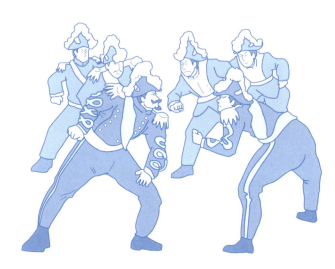

征韓論

国交断絶状態だった朝鮮に対し、日本政府は国交を回復させようと呼びかけたが、朝鮮側はこれを拒否。そのため武力をもって朝鮮を制圧しようとする征韓論が浮上した。しかし、岩倉使節団の欧米視察から帰国した大久保利通らは国内改革を優先するためこれに反対。大きな論争になるが、最終的に天皇が征韓論を中止させた。

台湾出兵

1871年(明治4年)、台湾に漂流した琉球王国の宮古島島民が、先住民に殺害される事件が発生。当時、琉球王国では日本と清国がその支配権をめぐり、問題となっていた。清国はこの事件の責任を回避したため日本は台湾の討伐を決意。また、同時期に士族による反乱が起きていたこともあり、その不満をそらすため台湾出兵を進めたともいう。

士族の反乱が各地で勃発！

新政府の政策により特権を失った旧武士階級たちはついに怒りを爆発させ、各地で反乱が勃発。明治10年(1877年)に起きた西南戦争の終結をもって、700年続いた武士社会は終わりを告げた。

士族の反乱

各地で明治政府に対する反乱が勃発。佐賀の乱(1874年)、敬神党(神風連)の乱(1876年)、秋月の乱(1876年)、萩の乱(1876年)などで人々が蜂起したが、これらの反乱は規模が小さかったため、わずか数日で鎮圧された。

西南戦争

各地で起きた士族反乱は平定されたが、最後に西郷隆盛が率いる鹿児島が残っていた。西郷は士族反乱に対して自重の姿勢を促したが、強硬派の暴走により明治10年(1877年)2月、ついに西南戦争が勃発。約8カ月にも及ぶ長い戦いは、西郷が自刃するのを最後に幕を閉じた。

幕末・維新年表

※明治5年以前の月日は旧暦、明治6年以降は新暦で記載。そのため明治以前の元号と西暦は新暦で合わせてあります。

年	月日	歴史
嘉永6年 (1853年)	6月3日	ペリー率いるアメリカ東インド艦隊4隻が浦賀沖に到着する。
	6月22日	12代将軍徳川家慶死去。61歳。
嘉永7年 (安政元年) (1854年)	1月16日	ペリー率いる7隻の艦隊が2度目の来航。
	3月3日	幕府、日米和親条約調印(神奈川条約)。下田・箱館が開港され、日本の開国の第一歩となった。
	3月27日	吉田松陰が密航を企てるが失敗。
安政2年 (1855年)	12月23日	幕府、日蘭和親条約を調印。オランダに対する日本の全面的な開国が規定された。
安政3年 (1856年)	8月22日	吉田松陰、禁固中に武教全書の講義を開始する。
安政4年 (1857年)	5月26日	外国人は滞在国の領土主権に服するが、例外的にそれから免れることが認められる特権(治外法権)などを定めた9ヶ条の日米和親条約修補条約(下田協約)が締結される。
	8月29日	オランダと40ヶ条の追加条約を締結。通商条約としては初めて。
	9月16日	薩摩藩主・島津斉彬が写真撮影をする。
安政5年 (1858年)	4月23日	13代将軍徳川家定、井伊直弼を大老に任命。
	6月19日	幕府、日米修好通商条約と貿易章程に調印。
	7月6日	13代将軍徳川家定死去。35歳。
	12月5日	吉田松陰、野山獄に入牢。
安政6年 (1859年)	6月2日	横浜港と長崎港が開港する。
	10月27日	吉田松陰が死罪に処せられる。享年30歳。
安政7年 (万延元年) (1860年)	1月13日	日米修好通商条約の批准のため、勝海舟らが咸臨丸で米国に向かう。また18日には外国奉行新見正興らが米艦で出航。

安政7年 (万延元年) (1860年)	3月3日	桜田門外の変。大老井伊直弼が暗殺される。
文久元年 (1861年)	5月28日	水戸藩士数十名がイギリス大使館員を襲撃(東禅寺事件)。
	12月23日	ヨーロッパに派遣した最初の使節団である文久遣欧使節が出発。
文久2年 (1862年)	1月15日	坂下門外で老中安藤信正が6人の武士に襲撃され重傷を負う。襲撃者は全員死亡。
	3月24日	坂本龍馬、沢村惣之丞と脱藩。
	4月23日	伏見の寺田屋で過激派の薩摩藩士と、それを説得に来た藩士が衝突。7人が死亡、3人が切腹。
	8月21日	生麦村で、島津久光の行列を横切った英国人4人が藩士に斬りつけられ1人が死亡、2人が重傷を負う(生麦事件)。
	12月1日	幕府、軍制改革の過程で西洋式の陸軍を編成し、その総指揮官として中将に相当する陸軍奉行職を設け、前講武所奉行大関忠裕を陸軍奉行に任ずる。
文久3年 (1863年)	3月12日	江戸帰還に反対した浪士13人が会津藩預かりになり、壬生浪士組と名乗る。9月25日に隊名を新選組に改める。
	6月6日	高杉晋作、藩に奇兵隊編成を建白する。
	7月2日	イギリス艦隊と薩摩藩砲台群が交戦し、鹿児島市街が大きく焼失。一方英国艦隊も嵐の中の戦闘がうまくいかず死傷者を多数出す。
元治元年 (1864年)	6月5日	新選組、古高俊太郎を逮捕し、続いて池田屋で会合中の攘夷派志士を襲撃する。吉田稔麿、宮部鼎蔵ら死亡。木戸孝允(桂小五郎)は難を逃れる。
	8月5日	英米仏蘭4カ国艦隊17隻、兵力5000が下関を攻撃。
	閏5月	坂本龍馬ら長崎に亀山社中を興す。
慶応2年 (1866年)	1月21日	坂本龍馬の斡旋で、木戸孝允(桂小五郎)や西郷隆盛らの間で薩長同盟の密約が結ばれる。
	1月24日	坂本龍馬と三吉慎蔵、寺田屋で伏見奉行所の捕方に襲撃され負傷。
	6月12日	高杉晋作、夜半丙寅丸で周防大島の幕府艦隊に奇襲攻撃を行う。
	7月20日	14代将軍徳川家茂、大坂城内で死去。21歳。
慶応3年 (1867年)	1月9日	明治天皇践祚。
	4月14日	奇兵隊隊長の高杉晋作、肺結核で死去。29歳。

慶応3年 (1867年)	4月	亀山社中、土佐藩の援助を受ける形で「海援隊」となる。
	6月22日	京で薩土同盟が成立。
	6月27日	中岡慎太郎が陸援隊発足。
	8月	老若男女が「ええじゃないか」と高唱、乱舞し、地主・富商の家に入り込んで物品や酒食を強要するええじゃないか踊りが流行しはじめる。
	10月14日	幕府が朝廷に統治権を返上する(大政奉還)。
	10月24日	徳川慶喜、征夷大将軍の辞表を提出する。
	11月15日	坂本龍馬と中岡慎太郎、京都近江屋で京都見廻組隊士に襲撃される。両名とも死亡。
	12月9日	倒幕派による王政復古の大号令により政権が朝廷に戻る。
慶応4年 明治元年 (1868年)	1月3日	幕府諸藩連合軍、伏見に到着し、伏見奉行所を本営とする。城南宮を拠点とした薩長軍と対峙。夕刻幕府軍別働隊と薩長軍が鳥羽で衝突。戊辰戦争がはじまる。翌4日、嘉彰親王が薩長軍本営に入り、事実上の官軍となる。
	3月14日	勝海舟と西郷隆盛が前日から2日間にわたる会談をする(江戸城無血開城)。
	同14日	天皇、維新政府の基本姿勢を記した五箇条の誓文を宣言。
	3月15日	新政府、旧幕府の高札を撤去し、代わりに五倫道徳遵守、徒党・強訴・逃散の禁止、キリシタン・邪宗門の禁止、外国人への暴行の禁止、郷村脱走禁止の5ヵ条を示した(五榜の掲示)。
	4月25日	近藤勇処刑される。
	7月17日	江戸の名称を東京とする。
明治2年 (1869年)	5月11日	土方歳三が五稜郭で戦死。
	5月18日	黒田清隆、榎本武揚を説得し、五稜郭開城。戊辰戦争終結。
	12月25日	東京・横浜間に電信開通。
明治3年 (1870年)	2月	大学規則、中小学規則を定める6月8日東京府、小学校6つを設置。
	8月2日	山県有朋ら欧州より帰国し、軍制改革に着手。
	9月4日	東京府下に中学校開設を布告。

明治3年 (1870年)	9月19日	平民に苗字使用を許可。
	10月2日	兵制を海軍は英式、陸軍は仏式とする。
明治4年 (1871年)	1月24日	前島密の提案により、東京、京都、大阪で郵便事業が決定する。
	8月9日	散髪廃刀の自由を認める。
	11月12日	岩倉具視をリーダーとし、かつての薩長の志士らを中心に、100名を超える使節団が欧米に派遣される。
明治5年 (1872年)	8月3日	全国を8つの大学区に分け、その下に中学区、小学区を置き、各学区にそれぞれ大学校・中学校・小学校を1校ずつ設置することを定める(学制公布)。
	9月22日	新橋・横浜間に日本最初の鉄道が開業。
	10月4日	官営富岡製糸場が開業。
	12月3日	太陰太陽暦を廃止して太陽暦を採用し、この日を明治6年1月1日とする。
明治6年 (1873年)	1月10日	満20歳に達した男子に兵役の義務を定める、国民皆兵の徴兵令が発布。
	7月28日	土地の私的所有を認め、地価の3%を金納とする地租改正条例が発布される。
明治8年 (1875年)	5月7日	樺太・千島交換条約調印。
	9月20日	軍艦雲揚、江華島付近で測量を行い、朝鮮砲台と交戦する(江華島事件)。
明治9年 (1876年)	2月26日	日朝修好条規に調印。
	3月28日	大礼服着用・軍人・警察官などをのぞき帯刀を禁止(廃刀令)。
	8月5日	藩主・公卿・藩士らへの家禄支給を廃し、代わりに公債を交付することを令した金禄公債証書発行条例が定められる(秩禄処分)。これにより士族は困窮することになる。
明治10年 (1877年)	1月30日	鹿児島私学校生徒、大阪砲兵支廠へ移送中の兵器弾薬を奪う。(西南戦争の発端)
	2月14日	西郷軍前衛隊が鹿児島を出発。
	2月19日	政府、有栖川宮熾仁親王を征討総督として九州へ派兵する。
	9月24日	政府軍の総攻撃がはじまり、西郷隆盛は自刃し、城山も陥落して西南戦争が終結する。

参考文献

『幕末志士の生活』芳賀登 著（雄山閣）
『幕末諸隊100』(三才ブックス)
『風雲！幕末志士事典』山村竜也監 ながたみかこ 著（大泉書店）
『2時間でわかる 図解 新選組のことが面白いほどわかる本』中見利男 著（中経出版）
『笑えて、泣けて、するする頭に入る 超現代語訳 幕末物語』房野史典 著（幻冬舎）
『図解 日本の歴史 幕末って何だろう』奈良本辰也 監（PHP研究所）
『豪商たちがつくった幕末・維新』福田智弘 著（彩図社）
『教科書には載っていない明治維新の大誤解』夏池優一 著（彩図社）
『お金で読み解く明治維新』大村大次郎 著（ビジネス社）
『日本一の社会科講師が教える 読んだら忘れない明治維新』伊藤賀一 著（アスコム）
『一冊でわかる イラストでわかる 図解 幕末・維新』(成美堂出版)
『図解雑学 坂本龍馬』木村幸比古 著（ナツメ社）
『図解雑学 土方歳三』山村達也 著（ナツメ社）
『イラスト図解 幕末・維新』大石学 監（日東書院）
『オールカラーでわかりやすい！ 幕末・明治維新』永濱眞理子 著（西東社）
『図解 日本を変えた 幕末・明治維新の志士たち』河合敦 監（永岡書店）
『歴史群像シリーズ特別編集【決定版】図説・幕末志士199』(学研)
『幕末・維新のしくみ』童門冬二 監（日本実業出版社）
『図説 幕末・維新おもしろ事典』奈良本辰也 監（三笠書房）
『新選組100話』鈴木亨 著（中公文庫）
『歴史REAL 大江戸くらし図鑑』(洋泉社)
『図解 幕末・維新の鉄砲大全』(洋泉社)
『武器と防具 幕末編』幕末軍事史研究会 著（新紀元社）
『改訂版 日本の軍装―幕末から日露戦争―』中西立太 著（大日本絵画）
『過ぎし江戸の面影』(双葉社)
『絵が語る知らなかった幕末明治のくらし事典』本田豊 著（遊子館）
『新版 写真で見る幕末・明治』小沢健志 編著（世界文化社）
『CG日本史シリーズ㉒ 明治と文明開化』(双葉社)
『【図集】幕末・明治の生活風景 外国人のみたニッポン』須藤功 編著（農文協）
『ビジュアル・ワイド 明治時代館』(小学館)

監修　小田部雄次（おたべゆうじ）

1952年東京都生まれ。静岡福祉大学名誉教授。立教大学大学院文学研究科博士課程後期単位取得退学。国立国会図書館海外事情調査課非常勤職員、静岡福祉大学社会福祉学部教授などを経て、現職。専門は日本近現代史。主な著書に『皇族 天皇家の近現代史』（中央公論新社）、『肖像で見る 歴代天皇125代』（角川新書）など多数。

STAFF

企画・編集	細谷健次朗、柏もも子
編集協力	平谷悦郎、山口紗英、野村郁朋、野田慎一、龍田昇、上野卓彦
営業	峯尾良久
イラスト	熊アート
デザイン	森田千秋（Q.design）
校正	高橋真梨萌（ヴェリタ）

幕末　志士の作法

初版発行	2019年10月25日
監修	小田部雄次
発行人	坂尾昌昭
編集人	山田容子
発行所	株式会社G.B.
	〒102-0072　東京都千代田区飯田橋4-1-5
	電話 03-3221-8013（営業・編集）
	FAX 03-3221-8814（ご注文）
	http://www.gbnet.co.jp
印刷所	音羽印刷株式会社

乱丁・落丁本はお取り替えいたします。本書の無断転載・複製を禁じます。

© Yuji Otabe ／ G.B. company 2019 Printed in Japan
ISBN 978-4-906993-78-9

神社・お寺・お城めぐりのお供に G.B.の本

続々、発刊中！

**歴史さんぽ
東京の神社・お寺めぐり**

著：渋谷申博

東京の神社・お寺を、神話の時代から幕末までの歴史とともに紹介。

定価：本体1,600円+税

**神々だけに許された地
秘境神社めぐり**

著：渋谷申博

聖なる地"秘境"に残された日本各地の神社110社を紹介。

定価：本体1,600円+税

戦國の山めぐり

監修：萩原さちこ

山登りと歴史めぐりの両方を楽しめる"戦国の旅"の必携ガイドブック。

定価：本体1,600円+税

**日本のお寺・神社
絶壁建築めぐり**

著：飯沼義弥　監修：渋谷申博

断崖や山の斜面に建てられた日本独特のお寺100か所を集めました。

定価：本体1,600円+税

聖地鉄道めぐり

著：渋谷申博

全国にある都市と寺社とを結ぶ路線「聖地鉄道」を、歴史とともに紹介。

定価：本体1,600円+税

**ライトアップ
夜の神社・お寺めぐり**

ライトアップされた全国69の神社・お寺を紹介。夜の参拝への道案内をします。

定価：本体1,600円+税